馬明博

【出版說明】

在文字出現以前，知識的傳遞方式主要就是語言，靠口耳相傳的方式記錄歷史與情感表達。人類的生活經歷、生命情感也依靠著「說故事」來「記錄」。是即人們口中常說的「傳說時代」。然而文字的出現讓「故事」不僅能夠分享，還能記錄，還能更好、更廣泛地保留、積累和傳承。

《史記》「紀傳體」這個體裁的出現，讓「信史」有了依託，讓「故事」有了新的準則：文詞精鍊，詞彙豐富，語言精切淺白；豐富的思想內容，不虛美、不隱惡。選擇人物一生中最有典型意義的事件，來突出人物的性格特徵，以對事件的細節描寫烘托人物的情感表現，用符合人物身份的語言，表現人物的神情態度、愛好取捨。生動、雋永而又情味盎然。

「故事」中的人物和事件，從來就是人類的「熱門話題」。她是茶餘飯後的趣味談資，是小說家的鮮活素材，是政治學、人類學、社會學等取之無盡、用之不竭的研究依據和事實佐證。

中國歷史上下五千年，人物眾多，事件繁複，神話傳說與歷史事實並存，正史與野史交錯互映，頭緒繁多，內容龐雜，可謂浩如煙海、精彩紛呈，展現了中華文化的源遠流長與博大精深。讓「故事」的題材取之不盡，用之不竭。而其深厚的文化底蘊如何呈現，怎樣傳承，使之重光，無疑成為《嗨！有趣的故事》出版的緣起與意趣。

《嗨！有趣的故事》秉持典籍史料所承載的歷史精神，力圖反映歷史的精彩與真實。深入淺出的文字使「故事」更為生動，更為循循善誘、發人深思。

《嗨！有趣的故事》以蘊含了或高亢激昂或哀婉悲痛的歷史現場，以對古往今來無數先賢英烈的思想、事蹟和他們事業成就的鮮活呈現，於協助讀者不斷豐富歷史視域和深度思考的同時，不斷獲得人生啟迪和現實思考，並從中汲取力量，豐富精神世界，在實現自我人生價值和彰顯時代精神的大道上，毅勇精進，不斷提升。

【導讀】

玄奘，俗姓陳，名褘，洛州緱氏（今河南偃師緱氏鎮）人。

貞觀三年（六二九年），他不顧多方的勸阻和涼州都督的通緝，孤身一人踏上了西行求法的漫漫征途，求法途中經歷了重重的艱難險阻，多次命懸一線而不悔：茫茫沙海，四天五夜滴水未進；皚皚雪山，狂風暴雪中舉步維艱；恆河中流，遭遇強盜，差點被獻祭天神……

他還憑藉堅定的信念遏制了求法途中的種種誘惑：國王的尊奉、國師的榮譽、輔政的高位……

歷盡艱辛到達印度那爛陀寺後，他用了五年時間深入學習《瑜伽師地論》等經論；又用了五年時間遊學於印度諸國之間，終於成為公認的佛學大師。隨後，他謝絕了戒日王、鳩摩羅王以及那爛陀寺僧眾的挽留，毅然帶著大批經卷回歸大唐。

在唐太宗、唐高宗的支持下，他潛心譯經十九年，系統而高質量地翻譯了佛教經論七十四部，共一千三百三十五卷，取得了中國佛教翻譯史上前所未有的成就。他翻譯的佛教經典，豐富了中國佛教的文化寶庫，對中國佛教史、哲學史、思想史的影響十分深遠，也推動了佛教融入漢文化的步伐。

玄奘還將西行求法的所見所聞，撰成《大唐西域記》十二卷，記載了古代西域、中亞、南亞一百多個國家和地區的歷史地理、物產風俗和文化，既是一部重要的歷史、地理文獻，也是一部重要的佛教史史料。

玄奘，是世界佛教史上最傑出的人物之一，是嚴謹的佛經翻譯家，更是偉大的佛教思想家。

目錄

長安來的偷渡者

大海中的高山

波濤洶湧的大海中央聳立著一座高山，山頂高聳入雲，山體雄偉壯麗，熠熠閃亮，像是蘊藏著無數的珍寶。眼前這座山，不就是佛經中所說的須彌山嗎？佛經中講，須彌山像支柱一樣支撐著這個世界；或者說，整個世界是圍繞須彌山展開的；山頂上的忉利天，是佛陀為母親講法的地方。

玄奘迫切地想登到山上看個究竟。他環顧四周，遠觀近望，海岸邊看不見一條船，哪怕是一條小舢板也沒有。

沒有船，何妨游過去！玄奘鼓足勇氣，抬腳邁向海水。

好奇怪呀！他的腳踩到的，並不是冰冷的海水，低頭一看，哦——腳下踩的，竟然是一朵潔白的蓮花。不知道什麼時候，海水中湧現出一朵朵蓮花。這些蓮花，隨波起落，從岸邊延伸向海中央的須彌山。遠望過去，分明是一座用蓮花搭起的浮橋。

玄奘抬起右腿，試探著向前邁進，一步一蓮花，來到須彌山下。新的難題又出現了！

山體高峻陡峭，岩石巨大，又光溜溜的，找不到下手攀抓之處。寶山就在眼前，卻上不去！這怎麼辦？玄奘急得一跺腳。

這時，意想不到的事情出現了！

玄奘感到自己像被一隻無形的巨大手掌托舉著飄向山頂。他還沒來得及驚訝，就已經站到山的最高處。

遺憾的是，山頂上並沒有出現莊嚴的忉利天宮。放眼遠處，西方的天邊，金光燦燦，其中還映現出諸佛菩薩莊嚴的身影！雖然距離很遠，面目衣飾卻很清晰。玄奘俯身頂禮，虔誠拜下，起身時……玄奘發現自己依然靜靜地躺在床上。

哦，原來是一場夢。

這是唐貞觀元年（六二七年）初秋的一個黎明。

窗外秋蟲唧唧，雖然天未放亮，已隱約可見窗外朦朧的曙光。

玄奘回味著這個夢，心裏想：「這難道不是佛菩薩在加持我嗎？」對西行取經，他的信心更加堅定了，「這夢中的大海、高山，原來都是對我的考驗啊！大海中能湧出朵朵蓮花，西行路上會不會也有朵朵蓮花等著我？」

這一年，玄奘二十八歲。

佛門千里駒

「玄奘，前面就是長安啦。」二哥長捷法師對他說。武德元年（六一八年），這是玄奘第一次來長安（今陝西西安）。

一個月前，二哥帶他離開洛陽淨土寺，本想來長安依止高僧大德參學佛法。沒想到，連年的戰火，已經讓長安變為一座離散之城，高僧大德也跑到蜀地益州（今四川成都）避禍去了。長安城內，僧寺蕭索，沒有人開講席，寺院連僧人的食物也難以供給。

在長安城內寬廣蕭條的街道上走過，玄奘緊緊跟隨在二哥身後，寸步不離。他們走進了多家寺院，寺中要麼空無一人，要麼冷冷清清。生性慈忍的二哥輕輕歎了一口氣：「看來長安是無法落足啦。我們去蜀地吧！」

連接長安與益州的，也不是平坦的大路，其間隔著一座座山一道道水。二哥帶著玄奘，一路跋山涉水，翻山越嶺。

在玄奘的印象中，益州的山，高可摩天，益州的水，長流入海。寶暹、道基、道振等高僧的學問，也同樣深不可測！好學的玄奘如飢似渴地學習了《攝大乘論》、《阿毗曇論》等佛典。

唐高祖武德三年（六二〇年），玄奘二十一歲，在益州空慧寺受了具足戒。他走出戒壇時，二哥露出燦爛的笑容：「四弟，你長大成人啦！受了具足戒，就是一名真正的僧人，光大佛法的路，你好好地走下去吧。」

在益州學到的，無法滿足玄奘。武德六年（六二三年），看到時局漸趨穩定，他遂乘船沿長江而下，出三峽，先後到荊州等地參訪高僧。之後，他又北上相州（今河南安陽）、趙州（今河北趙縣），繼續參學。

遊學期間，玄奘聽說，長安重新成為佛學研究的重鎮。著名的道岳法師（主講《阿毗達磨俱舍論》，簡稱《俱舍論》）、玄會法師（主講《大般涅槃經》）以及主講《攝大乘論》）的法常法師和僧辯法師等，均雲集於此。第一次去長安的印象，在玄奘心裏就像孩童在紙片上塗鴉的簡筆畫，此時的長安，卻是他內心深處最強烈的渴望。

武德八年（六二五年），長安城外，細柳輕拂，春花遍野。玄奘突然感覺，不是他來到了長安，而是長安來到了他的心裏。

這是玄奘第二次來到長安。

他住在長安大覺寺內，從道岳法師學《俱舍論》，又往返於諸位高僧的法席之間，虛心求教，傾聽大德的開示，像彎腰撿拾落在地上的松子一樣，擷取經論的精華。

對這位學識卓然的佛門新秀，法常、僧辯兩位高僧交口讚歎：「玄奘，真是佛門的千里駒啊！他將來一定會光大佛法，可惜我們年歲已高，怕是無法親眼見到那一天啦！」

到天竺去

大興善寺內，柏樹青綠，翠竹搖曳。

中天竺（天竺即今印度，當時分為東、西、南、北、中五天竺）三藏法師波羅頗迦羅蜜多羅（簡稱「波頗」），從海路到達大唐，輾轉來到長安大興善寺中。他翻譯、宣講《大乘莊嚴經論》引起轟動後，前往拜訪的人絡繹不絕。

這天下午，由於下雨，往日人群川流不息的寺院不再嘈雜，殿堂之間寧靜空曠。玄奘陪著波頗在大殿簷下繞行。

在這份難得的寂靜中，波頗問：「你聽到雨聲了嗎？」

「聽到了。」

「用心聽與不用心聽，雨聲是不一樣的。」

玄奘「嗯」了一聲。

波頗說：「下雨的時候，世間的人大多只是被淋溼，他們沒有能力看到下雨的因緣。」說著，他拐過大殿的一角。

玄奘緊隨其後，他聽到波頗問：「聽說你走過不少地方，參訪了多位高僧，他們理解的佛法是什麼樣子的？」

玄奘回答說：「佛法在中國傳播了五六百年，也和天竺佛教一樣，形成了諸多的學派，涵蓋著大小乘的思想。這些學派，各立門戶，百花齊放，相互爭鳴。整體來說，分為南北兩個佛學體系。有些問題，一直爭論不休——」

聽到這兒，波頗停下腳步，回過頭來。迎著波頗鼓勵的目光，玄奘繼續說：

「例如，對『佛性』的認識。《大般涅槃經》講『一切眾生皆有佛性』，北方僧人認為『眾生在將來成佛時才有佛性，未成佛時沒有佛性』，佛性是『當有』（始有）；而南方僧人認為『佛性是眾生本有的，未來成佛，只不過使本有的佛性開發出來而已』，佛性是『現有』（本有）。」

波頗皺起眉頭，陷入沉思。

玄奘問：「尊者，像這樣的問題，我該如何取捨，以誰為圭臬（標準）？」

波頗又沉默了一會兒，他輕聲說：「年輕的法師，您的這個問題，我不好回答。如果緣份具足的話，您可以去印度那爛陀寺問問我師父戒賢大師。」

從波頗的口中，玄奘第一次聽說了天竺那爛陀寺和戒賢大師。

「戒賢大師現在已經快一百歲了，他是天竺公認的高僧大德，精通經律論三藏、大小乘佛法。他還是瑜伽行派的權威，是當今精通《瑜伽師地論》的佛學大師。」

玄奘問：「《瑜伽師地論》是一部什麼樣的經論？您有沒有帶來大唐？」

波頗向玄奘攤開雙手，解釋道：「《瑜伽師地論》是一部統攝一切佛法的經論。它卷帙浩繁，抄寫這部經的貝葉，要裝滿一大白牛車的。我孤身一人來大唐，沒有辦法把它帶來。」

波頗看到了玄奘臉上失落的表情，他拍了拍玄奘的肩膀，鼓勵地說：

「去天竺吧。如果你能得到戒賢大師的講授，用三五年時間深入研習《瑜伽師地論》，我相信，沒有什麼佛學上的問題能難住你！」

玄奘內心深處重新燃起了希望的火焰，他喃喃自語：「戒賢大師，那爛陀寺，《瑜伽師地論》……」

波頗說：「年輕的法師，到天竺去吧！」

西行前的準備

聽玄奘說想西行到天竺去求法，有幾位年輕僧人也熱血沸騰。他們與玄奘一同向朝廷上表，請求官府頒發「過所」（通關文牒），允許他們到天竺學習佛法。

西行出國，卻非易事。

當時的大唐，立國未久，政權與疆域還沒有完全鞏固。境外，東有勁敵高句麗，西有強敵突厥，不斷進擾；境內，還有一股股的反唐勢力尚未平息，不時作亂。朝廷為維護時局穩定，對內設置了二十六處關卡，控制人口流動，嚴格查驗來往之人，僧人未經批准，也不許外出遊方；對外實施邊境封鎖，對出境嚴加控制。

玄奘等人遞交的申請未獲批准。其他人都洩了氣，無可奈何地放棄了西行的打算。

這時，朝廷給了玄奘一份殊榮。這份殊榮，是很多僧人夢寐以求也未必能得到的。貞觀元年（六二七年），「十大高僧」之一、長安大莊嚴寺住持慧因法師因病去世。僕射（宰相）蕭瑀向朝廷提議，請飲譽長安的佛門新秀玄奘出任住持。玄奘卻委婉地拒絕了。

玄奘繼續向朝廷遞交西行的申請。結果再次如泥牛入海，杳無音信。

玄奘開始悄悄著手做西行前的準備。他向西域來的僧人學習梵文。他博聞強記，學習了三四個月後，就能用梵語與人對話了。他想辦法接觸往來於絲綢之路的商人，瞭解到西行之路充滿艱辛，要經過戈壁、大漠、雪山……他下定決心磨礪自己的雙腳，接受山野的考驗，讓身體更加強健。

他從長安城行腳到終南山，強迫自己禁食三五日，兩三天不飲水，忍受飢渴的煎熬，攀山越嶺，風餐露宿……回到長安時，原本臉色白淨、溫文爾雅的玄奘，變得皮膚黝黑、身材消瘦，讓人不敢相認。

一日午後，長安城內下起暴雨。玄奘走到大覺寺的庭院中，接受狂風暴雨的洗禮。渾身溼透的他，故意逆風而行，直到雨歇。

一想到戒賢大師已經年近百歲，玄奘恨不得馬上到達那爛陀。但他知道，魯莽行事，後果難測，必須要等到合適的時機再動身。為平撫內心中的焦慮，玄奘每日虔誠禮佛，默禱西行的事得到諸佛加持。

不久，機會來了！

涼州受阻

長安城外，秋色如畫，黃澄澄的莊稼一望無際。收穫在即，卻來了一場鋪天蓋地的霜雹，關中地區農作物毀損六七成。隨之而來，偌大的長安城，數十萬居民的生活難以為繼。

玄奘所在的大覺寺率先開門施粥，救濟災民。但寺院的存糧畢竟數量有限，施粥沒能持續幾日，僧眾們也斷了炊。

貞觀三年（六二九年）二月，官府發佈詔令，准許長安城內所有缺糧的人外出逃荒，「隨豐就食」。

玄奘意識到，機會來了！

他混跡在災民群中往城外走。經過城門時，守關的兵士看到有僧人混雜在災民之中，一想到是逃荒的，也沒有進行盤問。

玄奘跟隨災民向秦州（今甘肅天水）方向緩緩地走著。在人群中，他遇到了同是僧人的孝達。

孝達是秦州人，兩年前，他來長安學習《大般涅槃經》，如今天逢災年，他只好返回秦州。孝達早就知道玄奘的大名，他沒想到二人竟會這樣見面。到秦州後，玄奘休整了一天，孝達熱心地為他聯繫了去蘭州的人，以便玄奘搭伴同行。說來也巧，玄奘來到蘭州後，又遇到了要送官馬回去的涼州（今甘肅武威）人，便跟著一起去了涼州。

長安—秦州—蘭州—涼州，玄奘的這一段西行之路極為順暢。

涼州是河西走廊的大城，東西方交通的要衝，既連接著西域各國，又是通往張掖、酒泉、敦煌的門戶。涼州商業發達，商旅往來絡繹不絕。

玄奘在涼州逗留了一個月。一是他需要進一步瞭解西域諸國的地理氣候、風土人情；二是他應允了慧威法師的邀請，要開講《般若經》。

玄奘游心法海多年，善於辨析義理，他講經時妙語連珠，令聽講的僧俗大眾心花怒放。一傳十，十傳百，來聽玄奘講經的人愈來愈多。一些來自西域諸國的商人也前來聽講，並向玄奘供養了不少金銀財寶。他們回到自己的國家後，也向國王宣揚了玄奘的德行學養，並報告了他將西行求法的消息。在玄奘西行之前，西域諸國信仰佛教的國王們都已知道他的盛名，已經做好了迎接他到來的準備。

講經法會結束後，面對堆積如山的財物，玄奘決定將它們分別施送給涼州的寺院。

凡事有利必有弊。玄奘意欲西行的消息，傳到了涼州都督李大亮耳中，他聽說有個叫玄奘的僧人，從長安來到這裏，想往西去，不知道要幹什麼。

涼州是大唐西部的鎮邊雄鎮。時值深秋，雖然天高雲淡，卻又戰雲密佈。大唐軍隊正暗中積蓄力量，準備隨時應對突厥。

李大亮派人暗中調查，確認玄奘沒有作奸犯科的紀錄，只是一個真心修行佛法的僧人，不會是傳遞情報的奸細。再說，長安一帶受災，朝廷允許百姓外出流動就食，玄奘從長安來到涼州，也沒違法。但是，他不能違反朝廷禁令，讓玄奘從涼州前往西域。

李大亮派人找來玄奘。

「法師，您來涼州時間不短了吧？涼州大漠黃沙，遍地狼煙，您都看到了吧？這裏沒有長安好啊！聽說最近長安饑荒已經緩解，法師什麼時候回去啊？」

玄奘坦率地說：「貧僧沒想回長安。我計劃去天竺取經，探求佛法的真諦。」

李大亮不動聲色：「法師真是大願大行！您去天竺取經，一定已經拿得朝廷允許出關的『過所』（通關文牒）了吧？」

玄奘誠懇地說：「貧僧求法心切，匆忙上路，手中並沒有『過所』。」他雙手合十，低眉斂首：「請督帥慈悲。」

李大亮板起面孔，厲聲說道：「朝廷明令，沒有『過所』，任何人不得私自出境！凡偷渡出境者，一旦被抓住，輕則判刑坐牢，重則砍頭示眾！」說到這兒，他注視著玄奘的眼睛，語氣有所緩和：「依我看，法師您還是先回長安申請『過所』吧。」

黃沙八百里，生死一念間

從涼州到瓜州

還好，李都督只是勒令玄奘東返長安，並沒有派人押解他。是返回長安，還是繼續西行？玄奘立刻拜見慧威法師。他說，返回長安，心有不甘；繼續西行，又有些擔心：一旦被捉，要受到嚴懲，就無法去天竺取經了。

慧威法師默默傾聽，沒有說話。玄奘也隨之沉默下來。

過了一會兒，慧威法師打破了這份靜寂，他問玄奘：「法師準備何去何從？」

玄奘堅定地說：「回稟大師，弟子想試著偷偷西行，先從涼州到瓜州，再找機會出境。」

慧威法師點了點頭。

「但是，弟子心裏還有一絲顧慮。」玄奘欲言又止。

慧威法師說：「但說無妨。你顧慮的，或許老衲有辦法呢。」

「弟子誓願西行，奈何不熟悉前方的道路。」

聽了玄奘的話，慧威法師朗聲大笑：「法師誓願宏大，老衲隨喜讚歎。前方的路，法師不熟悉沒關係，我讓我的弟子慧琳、道整為你帶路，你意下如何？」

玄奘驚喜萬分，伏身在地，頂禮致謝。

慧威法師拉起他，小聲叮囑說：「李都督雖然沒有派人押解你回長安，但是不能確定他不會這樣做。既然決意西行，法師不妨早些動身。你們三人結伴西行太過招眼，萬萬不可大意，最好白天休息，夜間趕路，既避開行人的耳目，也省去盤查的麻煩。」

當天晚上，夜深人靜時，玄奘等三人悄悄走出寺院，離開了涼州。

一路晝伏夜行，小心翼翼地走了半個月，三人到達瓜州（今甘肅安西）。

瓜州刺史獨孤達是位虔誠的佛教徒，凡有僧人來到瓜州，他都會予以接待，同時佈施財物。

聽說玄奘來到瓜州，獨孤達便前來拜訪，他沒有問玄奘為什麼來瓜州，只是把他當作雲遊的高僧。

由於在涼州剛剛露出一點口風，就被勒令返回長安，吃一塹長一智，玄奘沒有向獨孤達透露自己的計畫，而是向別人打聽西行的路線。

「從瓜州向北走，大約五十餘里，就是一條水流湍急、深不可測的大河，名叫瓠盧河。瓠盧河的對岸，就是玉門關，那是西行的必經之路，也是通往西域的咽喉。如果沒有通關文牒，是出不了關的。就算僥倖混出關，再向西走，前頭還要經過『五烽』——五座以烽火台為核心的邊防站。『五烽』各自相距一百里，守烽的將士張弓搭箭，日夜值班，隨時會捉拿偷渡出關的人，或者索性將來人亂箭射死。再說，『五烽』之間都是沙漠，沒有水草，要平安通過，很不容易。過了『五烽』，再穿越八百里流沙的莫賀延磧（沙漠）（今甘肅安西與新疆哈密之間），就到了伊吾國（今新疆哈密）。」

瞭解得愈多，玄奘愈覺得前路迷茫。看來，西行的路途充滿了坎坷，不知道有多少艱難困苦在等著他；要偷越邊關出境，更是難中之難。

涼州來的通緝令

玄奘無計可施，只好等下去。

沒想到，這一等就是一個多月。

道整、慧琳奉慧威法師之命，與玄奘朝夕相伴、晝伏夜行來到瓜州。身體強健的道整見玄奘住了下來，便前來告辭，說：「法師，您暫且在瓜州小住，我到敦煌去參訪一下。」玄奘見慧琳身體瘦弱，覺得他不堪長途跋涉，就讓他回涼州了。

道整、慧琳離開後，玄奘更感孤獨。

過了沒幾天，一路幫玄奘馱隨身之物的馬，又突然病死了。玄奘更加無助。

緊接著，又傳來一個更為緊迫的消息。

涼州都督李大亮不知道玄奘是否返回長安，派人打聽他的下落。得知玄奘違命西行，李大亮勃然大怒，於是下發「訪牒」（通緝令），命令西路各州縣嚴陣以待，務必將玄奘緝拿歸案。

涼州來的通緝令下發到瓜州刺史府，先送到州吏李昌的手中。李昌隱約感覺到訪牒中所說的玄奘，就是刺史獨孤達熱情接待的僧人。他略一思忖，沒有將訪牒送呈刺史大人，而是前來拜訪玄奘。

李昌指著訪牒上的字「有僧字玄奘，欲入西蕃，所在州縣宜嚴候捉」問道：「法師，您不是這個人吧？」

玄奘一聽，就明白了李昌話中的弦外之音。他想，若如實作答，一定會被當作通緝犯遣返回長安；若不承認，又違背了「僧人不打妄語」的戒律。答與不答，兩頭為難，玄奘索性閉口不語。

李昌見此情景，心中更加雪亮，他說：「法師，您不必多慮，我也是佛教徒，希望能幫到您。您和我實話實說吧，假如訪牒上通緝的人是您，我會替您想辦法的！」

李昌的話，打消了玄奘心頭的顧慮，他不再隱瞞，將自己西行求法的打算如實相告，順帶提及在涼州的遭遇以及來瓜州的經過。

玄奘西行求法的大願大行，令李昌極為欽佩，他說：「原來如此，法師，讓我來幫助您吧！」說著，他三把兩把將訪牒撕毀，扔到火盆中燒了。「法師，我這樣做，只能保得一時，無法保得長久，您要及早考慮動身西行。」

說罷，李昌告辭而去。

李昌的幫助，令玄奘心生感念。但在李昌走後，他卻坐臥難安。不及時離開瓜州，被緝拿歸案是遲早的事。然而，前方的道路卻比從涼州到瓜州更加嚴酷，如果沒有引路的人，貿然前行就等於送死。

玄奘別無選擇，他走進寺院的大殿裏，對著殿中央的彌勒菩薩像，伏身、起身、伏身、起身……不停地禮拜，汗流浹背也不歇息。

他一心祈請菩薩給予加持，讓能為他引路的人盡快出現。

胡人石槃陀

玄奘拜佛時，忽然有一個胡人從大殿外走了進來，他好奇地看著玄奘拜佛，後來又跟著玄奘走了兩三圈。

這個胡人舉動怪異，玄奘便問他姓名。

胡人說：「我叫石槃陀。」

玄奘又問：「你為何要跟著我？」

石槃陀說：「法師，我想學佛，您能不能為我授五戒？」

玄奘一聽石槃陀有向佛之心，當即慈悲地答應下來，為他傳授了在家佛教徒所應遵守的最基礎的五條戒律（簡稱「五戒」）：一、不殺生；二、不偷盜；三、不邪淫；四、不妄語；五、不飲酒。

受戒之後，石槃陀非常歡喜地告辭了。過了不久，石槃陀又回來找玄奘，帶來許多餅果作為供養。

玄奘見他身體強健，相貌恭順，便有意請他帶路。玄奘說了自己當下的苦惱，石槃陀拍著胸脯說：「法師，您不用擔心，『五烽』之間的路，我往返過多次。我來送您過去好了。」

玄奘說：「那太好了。」他當即再次禮拜殿中的菩薩，表達感恩之心。他對石槃陀說：「我隨行的馬病死了，你能否幫我買一匹馬？」

第二天傍晚，石槃陀來見玄奘，和他同來的，還有一位老胡翁，牽著一匹又瘦又老的紅馬。

石槃陀說：「法師，這位老翁往來伊吾國三十多趟，非常熟悉道路，您可以向他請教西行之事。」

老翁說：「西行的路非常險惡，沙河阻隔，鬼魅熱風難以阻擋。以前很多人結伴同行，尚且迷失，何況您獨身一人？您最好不要以身試險！」

玄奘聽後不免心情沉重，但他堅定地說：「為了學習佛法，不到天竺，我誓不東回。縱然客死他鄉，我也絕不後悔。」

老翁說：「如您一定要去，就騎著我這匹老馬吧。別看牠又瘦又老，牠可是跟著我往返伊吾十多趟了，是一匹識途的老馬，並且穩健有力。」

當天晚上，玄奘和石槃陀在夜色掩映下出發了。約三更時分，他們來到瓠盧河邊，在黯淡的星光下，遠遠地看見了玉門關。他們溯流而上，來到上游河床最窄處，過了河。

出了玉門關，玄奘很歡喜，但也累了，於是就地休息。朦朧的夜色中，他看到石槃陀忽然起身，手握鋼刀朝他慢慢走來，距離十幾步時又徘徊。玄奘不知他什麼意思，便起身禪坐，稱念觀音菩薩。石槃陀見此，便回去躺下睡覺了。

次日清早，石槃陀對玄奘說：「法師，弟子昨夜左思右想，覺得此去凶多吉少，咱們還是回去吧！」

玄奘說：「你回去吧。我要去天竺。」

石槃陀不答應，拿刀逼著玄奘往回走，又哀求說：「法師，如果官府知道是我送您出關，我一定難逃王法。我家裏還有妻子兒女，您還是和我一起回去吧。」

玄奘說：「如果你顧慮這一點，那就放心吧。諸佛菩薩作證，弟子玄奘假使被捉住，縱然身體碎為微塵，也不會提及你。」

目送石槃陀的背影遠去，玄奘重又孑然一身。他獨自前行八十多里，遠遠望見了第一座烽火台。為免被烽火台上的守兵發現行蹤，玄奘藏身沙溝，靜待天黑。

天色終於暗了下來。玄奘小心翼翼地牽著馬來到烽火台西側有水草的地方，人馬喝足了水。他取下水囊正要裝水時，「嗖」，一枝利箭破空而來，斜插在他腿邊的地面上，箭桿上的尾羽搖搖晃晃。

玄奘一驚，心想：「不好，被發現了！」這時，又有一枝箭飛來，射落了他手中的水囊。玄奘抬起頭對著烽火台大喊道：「不要再射箭啦！我是長安來的和尚。」

《心經》的力量

玄奘牽著馬走向烽火台。

守兵一看，來者是一位眉清目秀的僧人，便開門放了他進去，帶他來見烽火台的守將校尉王祥。

王校尉盤問說：「你一個和尚為什麼要在深夜來這裏？」

玄奘不答反問：「校尉，您可曾聽涼州人說過有位僧人玄奘要去天竺求法的事嗎？」

王校尉說：「聽說過。我也聽說他已經回長安了，怎麼會來這裏？」

看了玄奘從經篋裏取出的章疏和姓名，王祥確信眼前的僧人就是玄奘。他勸說道：「從這裏到天竺，路途遙遠，艱難險阻甚多，您恐怕到不了。再說，弟子職責所在，不能放您偷渡出境。」

玄奘沉默不語。

王祥又說：「弟子是敦煌人，可以把您送到敦煌去。那裏的法師們一定會歡迎您的。法師，您想想，與其死在途中，不如聽從我的建議。」

玄奘搖了搖頭：「我自幼聽聞佛法，在洛陽、長安、蜀地親近過多位大德高僧，今日也有些聲名。只因中土經書不全，義理有缺，我才不惜性命，矢志西行，學習佛法。如果不放我走，任憑您施加刑罰，我也絕不東移一步，違背自己的本願。」

玄奘為法忘軀的赤誠之心，深深感動了王祥，他說：「作為佛教徒，我有幸遇到您，怎能不支持您西行求法呢？」隨即，王祥安頓玄奘住下休息。

第二天一早，王祥為玄奘準備了水和乾糧，還親自送他向西走了十多里路。臨別，王祥給玄奘指了一條直達第四烽的便路，他說：「第四烽的守將王伯隴是我的族人，法師只消跟他說是我叮囑您去找他的，他絕不會為難您。」

當天晚上，玄奘來到第四烽。守將王伯隴一聽說玄奘是王祥介紹來的，立刻安排了食宿。

次日清晨，王伯隴為玄奘準備了糧草食物，提醒他說：「法師，第五烽的守將性格粗暴，恐怕對您不利。您最好繞道而行。從這裏往西一百里開外有個野馬泉，您可以到那裏補充飲水。再往前走，就是莫賀延磧，那是西行途中最艱苦的一段。出了莫賀延磧，就是伊吾國了。」

王伯隴也陪玄奘走了一段路，分手時，他送給玄奘一隻裝滿水的大皮囊，他特別叮囑說：「在沙漠中，沒有水就沒有命。法師，一定要看護好這個水囊。」

離開第四烽，玄奘一個人孤零零地走進了長約八百多里的莫賀延磧。

這片浩瀚無垠的沙漠，果然寸草不生，上不見飛鳥，下不見走獸。幸虧那匹老馬識途，牠默默地帶著玄奘往前走，從白天走到夜晚，從黑夜走進黎明。

白晝時，狂風挾著沙礫席捲而來，令人睜不開眼睛，呼吸都很困難。夜深處，鬼火閃爍如繁星，魑魅魍魎，形狀恐怖，前後跟隨。有時，玄奘高聲稱念觀音菩薩的名字，那些幻影應聲消失。有時，無論玄奘怎麼念，那些幻影一直環繞在他身邊。

遇到這樣的情景時，玄奘就在沙丘上禪坐，念誦《般若波羅蜜多心經》（簡稱《心經》）。依靠《心經》的支撐，玄奘變得無所畏懼。在玄奘念誦《心經》的聲音裏，那些轉動的幻影漸漸銷聲匿跡。

這卷《心經》，和玄奘格外有緣。當年，玄奘在蜀地益州參學時，空慧寺來了一個天竺病僧。他的衣服又髒又破，身上還長滿膿瘡。其他人感覺臭不可聞，掩鼻而過，玄奘卻不嫌棄，對他細心照料，直到痊癒。天竺僧人傳授給玄奘這卷《心經》，並叮囑他「如遇危難，誦讀此經，即可得免」。

黑夜過去，黎明到來。玄奘和老馬繼續前行。出現在他視野裏的，除了黃沙，還是黃沙，不知道哪裏會是路的盡頭。沒有風，漫漫黃沙營構出的平靜，漸漸延展為無邊的枯寂，隱隱之中傳遞出死亡的氣息，恐懼的心理油然而生，玄奘趕緊默念觀音菩薩的名字。

如果不是堅信觀音菩薩一直和自己在一起，玄奘不知道雙腳該邁向何方。

寧可西進而死

腳下的細沙，軟得陷及腳背。按著王伯隴所說的路線往前走，玄奘遇到了一兩個淺窪處，但只是貌似河道而已，那裏依然黃沙漫漫，一滴水都沒有。玄奘一直沒找到傳說中的野馬泉，「可能是弄錯了方向，或者迷了路吧」，他不免有些焦急。

焦渴難耐，玄奘打開水囊準備喝兩口水，一不小心，水囊掉到了地上。他趕緊彎腰去撿，身手還是慢了，水囊裏的水已經被黃沙喝得一滴不剩。

他想起王伯隴的話，「在沙漠中，沒有水就沒有命」。不得已，玄奘只好掉頭往回走，他想回第四烽取水，然後再向西行。可是，走了沒多遠，玄奘停下了腳步，他想起了自己的誓願：「寧可西進而死，絕不東歸而生。」

玄奘自問：「為什麼遇到這麼一丁點兒的挫折，就想走回頭路呢？」於是，他又振作精神，掉轉馬頭，也不顧水囊裏沒水，就這樣一心念著觀音菩薩的名字，繼續向西北前進。

有些人不會輕率地自甘去冒險，但假如危險臨頭時，卻能以泰然自若的冷靜態度去應對。玄奘就是這樣的人。

在沙漠中摸索著往前走，玄奘以一堆堆的朽骨或者馬糞作為路標。忽然，沙漠中大風陡起，沙層像海浪一樣迎面撲來，人無法分辨東西南北。玄奘恍惚間看見沙塵暴中出現了一隊軍旅，數百胡人騎著駝馬，忽進忽停，千變萬化。玄奘以為遇上了盜賊，正焦慮不安時，他聽空中有個聲音說：「不用怕！」

可是，沒有水喝，畢竟不是人和馬所能忍受的。五天四夜滴水未進，玄奘五內焦躁，雙唇皸裂，全身發燙，頭暈目眩，倒臥在地，奄奄一息。

玄奘一心稱念觀音菩薩的名字，他懇切地說：「弟子玄奘此行去天竺，不是為求取財富及名譽，只為求得究竟的佛法。觀音菩薩，您一直慈念眾生，尋聲救苦，消除災厄，為眾生提供幫助。現在弟子正在受苦，您不會不知道吧？」祈請未了，玄奘昏死過去。

醒來時，四周一片黑暗。忽然有一陣涼風吹過來，玄奘感覺身體清爽了很多。那匹老馬已經從沙地上站了起來，用嘴巴不停地拱他的手臂。

他起身上馬繼續前行。大約往前走了十里路，老馬突然一反常態，發瘋似的向前狂奔，怎麼勒也勒不住。老馬一口氣跑了幾里路才停下來，眼前的景象，讓他簡直不敢相信！

玄奘面前出現了一片草地，草地中間是一池清水，池水清澈得像一面鏡子，波光粼粼的月光像閃閃發亮的珍珠。飢渴了好幾天的玄奘，使勁地掐了掐自己的臉，哇！好痛！他欣喜地跑到池邊痛飲了一番。

玄奘在水草地安靜舒適地休息了一天，他把皮囊裝滿水，又為老馬割了一些青草。接下來，又走了兩天，終於走出了莫賀延磧。

一天清晨，居住在沙漠邊緣的居民看到一人一馬從沙漠深處走來，異常驚訝。他們以為看到了幻影，使勁地揉了揉眼睛。尤其是聽玄奘說沙漠中有水草地，當地人更是不住地搖頭：「沙漠中有水草地？我們祖祖輩輩都在這裏，從沒聽說過！」

玄奘聽了，立刻雙手合十，感念觀音菩薩的慈悲。

絕食高昌國

夜抵高昌

抵達伊吾（今新疆哈密）後，玄奘到城內一古剎掛單住下。寺裏有三位漢僧，其中一位年紀最大的老僧，聽說來了一位大唐的和尚，高興地披著衣服光著腳跑出來迎接，鞋子都沒顧上穿。見到玄奘，老僧悲欣交集，一把抱住他，哽咽地說：「能見到您，我太高興了。我沒想到在有生之年還能見到故鄉來的人！」

老僧飽含深情的話，玄奘聽後很是感慨。

玄奘在涼州講經時引起轟動，他西行求法的消息，早已傳遍西域各國，因此，他一到伊吾，所在的寺廟就變得熱鬧起來。各方道俗人等爭相前來參禮，邀請玄奘接受供養。

伊吾王聽說後也親自前來拜見，並迎請玄奘入宮接受供養。

與伊吾相鄰的高昌國，國王麴文泰知道玄奘西行的消息後，早早地派了使者在伊吾恭候。玄奘到達伊吾後，高昌專使就飛馬回高昌稟報國王。

麴文泰一面派人與伊吾王溝通，請他派人送玄奘來高昌，一面選備了數十匹上乘駿馬，派遣重臣，來迎請玄奘前往高昌。

玄奘在伊吾休整了十幾天，這時，高昌國迎請的隊伍就到了。

在唐朝，絲綢之路分為三條：北道、中道和南道。北道的路線為：伊吾─天山─蒲類海（今新疆巴里坤湖）─鐵勒部─突厥可汗庭；中道的路線為：高昌─焉耆─龜茲（今新疆庫車）─疏勒（今新疆疏勒）─蔥嶺；南道的路線為：鄯善─于闐（今新疆和田）─蔥嶺。

玄奘為躲避關卡，是沿北道和中道交叉而行的。來到伊吾，玄奘打算休整數日繼續向西北前進，經西突厥的可汗浮圖城（今新疆吉木薩爾），直奔其王庭所在地千泉（即屏聿，在今吉爾吉斯山脈北麓），尋求統葉護的庇護以順利抵達天竺。在他的西行計畫中，不經過高昌國。

高昌特使前來轉達了國王麴文泰懇切禮請之意，盛情難卻，玄奘只好改變行程，經由北道改向南行，進入高昌。

前有高昌國特使引路，後有伊吾國人馬送行。已經習慣孤身獨行的玄奘，被簇擁在浩浩蕩蕩的隊伍中，倒有些不適應呢。

一行人走了六天，來到高昌邊界的白力城（今新疆鄯善）。看到夜幕漸濃，玄奘提出入城休息，次日再走。迎請的特使與大臣懇切地說：「白力城距離王城已經不遠了，我們的國王對您仰慕已久，他急切地盼望見到您。懇請法師慈悲，繼續前行。」

玄奘一聽，也不忍予以拒絕，只好隨同眾人連夜趕路。

當晚三更時分，一行人來到高昌王城（今新疆吐魯番）。麴文泰下令大開城門，迎接玄奘進城。麴文泰出城迎接，恭敬上前，攙扶玄奘下馬，換乘了一頂華貴精緻的轎子。

城門兩側，整齊地站立著侍從及宮女，眾人前後執燭，隨同玄奘入城。雖已夜深，高昌城內，卻燈燭通明，亮如白晝。

玄奘來到王宮後院的重閣，在寶帳中落座。麴文泰上前頂禮，隨後，王妃上前禮拜。麴文泰恭敬地以「弟子」相稱，他說：「弟子自從聽到法師西行的消息後，就欣喜渴慕，日夜期待與您相見。得知法師今晚可以到達，弟子與后妃通宵未眠，焚香誦經，恭候法駕。」

雙方談論到東方欲曉，麴文泰與王妃才回宮就寢。臨別，他安排了數位近侍留下來服侍玄奘休息。

麴文泰恭敬虔誠的態度，讓玄奘深受感動。

高昌王的威脅

第二天一早，玄奘還在休息時，麴文泰與王妃已在門外恭候。

麴文泰陪同玄奘來到王宮附近的寺院住下，安排武士護衛，又派專人服侍，並請年高德劭、國王最為尊敬的王法師陪伴玄奘起居。

王法師與玄奘交流時，委婉地轉達了國王麴文泰的想法，希望玄奘不要去天竺了，長住高昌，弘揚佛法。

麴文泰想把玄奘留在高昌，有兩方面的考慮。

一是高昌佛教盛行，麴文泰想透過玄奘弘法來祈福護國。高昌國作為在西突厥與大唐夾縫中求生存的彈丸小國，對佛教的實用主義需求尤為迫切。

二是隋大業年間，麴文泰曾以高昌王子的身份遊歷過長安、洛陽以及河北、山西等地，他想建立一個類似中原的獨立王國，玄奘如能留下來，可以幫助他實施這一計畫。

玄奘婉言拒絕。

玄奘在高昌停留了十數天。每天，麴文泰都前來拜見，交談時，他對玄奘的去留，卻隻字不提。

一天，玄奘向麴文泰提出辭行時，麴文泰試探地問：「弟子曾託人勸請您留在這裏，法師意下如何？」

「大王的恩寵，我銘感於心，但因有違初心，恕難從命，請大王見諒！」玄奘懇切地說。

麴文泰說：「弟子結識不少名僧大德，從未曾生出對法師這樣的敬仰心。見到法師後，弟子心生歡喜，想供養法師一生。法師從此不必再受勞頓，留下來做高昌國的國師，講經說法，度化眾生吧。」

玄奘答謝說：「愧對大王的厚愛，我深感德行淺薄，不能勝任。我西行求法，不是為了獲得供養，我感念的是中原佛法尚不具足。天竺是佛法的源頭、佛陀的家鄉，那裏有殊勝的能解脫眾生煩惱的大乘經典。作為僧人，我發願要把最無上的佛法智慧引入大唐。懇請大王慈悲，以眾生利益為懷。」

聽了玄奘的話，麴文泰怏怏不樂，他稍微停頓了一下說：「弟子敬仰法師，一旦說出，志向就不會改變，法師，請相信弟子的誠意。」

玄奘說：「大王的心意，我早已知道。但我此行只為求得殊勝的佛法真理。駐足高昌，真理未得，我的誓願豈不半途而廢？大王，您過去世世代代修福，因此今生貴為國主。難道僅僅是老百姓依靠您這個國王嗎？不，其實連佛法的弘揚也要憑靠您啊！對我西行求法的事，您應該予以支持，不應該勸阻啊。」

麴文泰再次申明：「法師，您言重了。弟子不敢阻撓，只是想請法師留在高昌指引迷途的眾生。」

無論麴文泰說什麼，玄奘始終不改初心。

屢遭拒絕，麴文泰發怒了，他臉色一沉，提起衣襟，厲聲說：「法師，您現在身在高昌，沒有我的許可，您是不可能去天竺求法的！要麼留在高昌，要麼我派人送您回大唐，請您三思。弟子覺得，您還是留在高昌好一些！」

面對氣勢洶洶的麴文泰，玄奘依然面色平和，他堅定地說：「我西去天竺，是為求得究竟的佛法，如今大王您定要相留，我也沒有辦法。大王，如果您想留下我，恐怕只能留下我這身體，我西行求法的心，您是留不住的！」

絕食高昌國

麴文泰把玄奘軟禁起來，每天命人送上美食，隻字不提放行的事。他以為自己軟硬兼施，玄奘早晚會接受他的條件。

此時，玄奘身處兩難之境，答應高昌王的要求留下來，就違背了自己西行求法的誓願；不答應，就會被送回大唐。無論答應還是不答應，西行求法的事都無法再繼續下去了。

玄奘做出了一個令人意想不到的舉動——絕食。

麴文泰沒有想到，他每日差人奉上的美食，都被原封不動端了回來。他暗自冷笑，心想：「法師這樣做，無非是以絕食的方式和我較量。我倒要看看，你能絕食多久！」

第三天傍晚，王法師面帶憂慮地說：「大王，玄奘三日粒米未進。他不但不吃飯，連水也不喝一口。這樣下去，恐怕……」

麴文泰擺了擺手，沒有讓王法師再說下去。但王法師的話，在他的心中卻掀起了層層的波瀾。怎麼辦？是維護國王的權威，即便逼死玄奘也在所不惜？還是放棄國王的尊嚴，承認玄奘的勝利？他實在委決不下。

第四天，麴文泰親自為玄奘送來食盒。他走進房間時，看到玄奘禪坐的身影就像一尊石雕的佛像。

玄奘雙目微閉，禪坐床上，安穩如山。麴文泰恭敬地用銀匙盛起食物，送至玄奘唇邊：「法師，請進食吧。」

玄奘一動不動。

看到玄奘氣息漸微，奄奄一息，麴文泰深感懊悔，他向玄奘頂禮謝罪說：「法師，請進食吧！弟子知錯了，我收回成命，任憑法師西行求法。請您早日進食。」

玄奘不知道麴文泰這樣說，是真心答應，還是緩兵之計，他擔心自己一旦恢復飲食之後，麴文泰又馬上反悔，便用微弱的聲音說：「大王，請您指著太陽發誓，所言不虛。」

麴文泰說：「法師，如需發誓，請到佛前共結因緣。」

對於佛教徒來說，在佛像面前發誓，顯然比指日發誓要鄭重得多。於是，玄奘起身，在麴文泰的攙扶下，來到大殿中。

在王宮中，玄奘絕食數日，成為眾人關注的一件大事。如今，煙消雲散，雨過天晴，眾人紛紛湧進寺院。麴文泰的母親張太妃也聞訊而來。

麴文泰當著母親的面，提出與玄奘共結金蘭之盟，從此以兄弟相稱，並表示會支持玄奘西行求法。

麴文泰恭敬地對玄奘說：「法師，您日後求法歸來時，請務必繞道高昌，留住三年，接受供養。法師將來成佛，願我繼續做您的護法，就像當年護持佛陀的波斯匿王（憍薩羅國國王）、頻婆娑羅王（摩竭陀國國王）那樣。」玄奘連聲稱謝。

麴文泰又說：「法師，在您臨行前，能否屈尊在高昌再留住一個月，講授《佛說仁王護國般若波羅蜜經》，也好方便我們為法師置辦遠行所需的行裝。」

玄奘點頭應允。張太妃也非常歡喜，願與玄奘結為眷屬，請玄奘為麴家世代引度。

當天，玄奘恢復了進餐。

「御弟」西行

《佛說仁王護國般若波羅蜜經》，相傳是釋迦牟尼為當時天竺十六大國國王所說的教法，被認為是護國經典。受持講說此經，可以護佑國家風調雨順，災害不生，社會和諧，萬民安樂。

張太妃請玄奘講此經，意在為高昌國禳災祈福。

玄奘每天開講之前，麴文泰都親自手執香爐，走在前面引路。依據佛教的傳統，法師講經時需要在高處的座位盤腿禪坐。玄奘登座時，麴文泰會屈膝跪在地，以身體當台階，讓玄奘踩著他的身體上座。

一個月過去，講經法會也到了結束的時候，麴文泰為玄奘置辦的行裝也準備好了。

麴文泰為玄奘考慮得非常周全，準備的物品有：「法衣」，三十套裏裏外外的整套僧衣；「手衣」（手套）；「襪」，不是普通的，是能保暖、能防蟲，可用於長途跋涉的；「面衣」，保護臉部抵禦風沙的；以及「黃金一百兩，銀錢三萬枚，綾及絹等五百匹」，作為玄奘往返二十年的花費。

此外，還準備了馬三十匹、運夫二十五人，隨行提供服務，還請玄奘剃度了四個沙彌作為侍從。

麴文泰準備的行裝優厚且周全，即便是同胞兄弟也不過如此。《西遊記》中的玄奘與唐太宗結為兄弟並奉詔西行等情節，或許多少受到了高昌王麴文泰與玄奘結拜兄弟這件事的啟發吧。

麴文泰還另外寫了二十四封書信，給玄奘西行路途中要經過的二十四個國家的國王，請求各國國王給他的弟弟玄奘西行求法提供必要的幫助。每一封信都附「大綾」（高級絲織品）一匹作為信物。

在給統葉護可汗的信中，麴文泰寫道：「玄奘法師是我弟弟，打算去婆羅門國（印度的另稱）求法，願可汗照顧法師如同照顧我一樣，還請可汗敕令以西各國供給法師驛馬，遞送出境。不勝感謝！」

當時，西突厥統葉護可汗的勢力遍及雪山以北各地，玄奘去印度，需要得到他的幫助，因此麴文泰特意派遣一位名叫歡信的殿中侍御史，一路護送玄奘到統葉護可汗廷。

玄奘十二歲時父母雙亡，隨二哥棲身佛門，伴著一盞青燈，數尊古佛，過著清苦孤寂的生活。之後，又四海為家，飄零至今，他何曾享受過這種親情？

玄奘的心原本如無波的古井，此刻卻被麴文泰感動了，他寫下〈啟謝高昌王表〉，誠摯地表達謝意。

玄奘說：「高昌國的交河水雖然深廣，不及大王的恩義深；蔥嶺的重量，比不上大王的恩德重。玄奘一定不負大王重恩，到天竺聖地參訪求法。學成之後，回歸東土，廣為傳播真正的佛法。我無法回報大王的重恩，只能以速速啟程早日歸來作為回報。」

麴文泰收到玄奘的謝啟後說：「法師，你我既然結為兄弟，高昌國的積蓄，是我與法師共有的，您何必要說感謝的話呢？」

第二天，玄奘從高昌出發西行，麴文泰和諸僧、大臣、百姓等傾城而出，送到城西。他不顧國王的身份和威儀，抱住玄奘大放悲聲。

阿耆尼國遭冷遇

隊伍繼續向西前進。玄奘所走路線，基本是絲綢之路的中道，過高昌國境後，進入阿耆尼國（今新疆焉耆）境。

一天下午，玄奘一行走到銀山附近，遭遇強盜。他們主動交出一些財物，強盜拿了財物散去了。當天晚上，一行人駐紮在紅沙山崖下的阿父師泉（今新疆托克遜縣阿拉本布拉克）旁休息。

阿父師泉是從半山腰處滲流而出的一眼泉。傳說，一群來自西方的商人，因為缺水，危在旦夕。隨行一位僧人說可以為商人們找水，前提是他們從此要學習佛法。為了活命，商人們皈依成為佛門在家弟子。僧人上山尋水，不多時，泉水從山間湧出，商人們得以活命。然而，尋水的僧人卻沒能回來，而是坐在山巖上圓寂了。商人們依據西域風俗，在僧人坐化處聚石建塔。從此，來往於絲路的商旅，都來阿父師泉補水，此處泉水很神奇，多需多出，少需少出，從未枯竭。

玄奘聽聞這一往事，尋到僧人塔，頂禮三拜。

在玄奘一行人駐紮休息時，又來了十幾個返回西域的商人。本來約好次日同行，次日天光未亮時，這十幾個商人沒打招呼，就提前出發了。他們走出不過十幾里，就被盜賊劫殺，無一得脫。等玄奘一行趕到時，只見商人們橫屍路畔，財物被洗劫一空。玄奘慨歎人生無常，為他們誦經做了超度，又與眾人一起將商人們的屍首掩埋了。

往前不遠，阿耆尼國的王城在望。聽說玄奘西行求法經過本國，國王與諸大臣出城相迎。玄奘一行帶了很多馬。馬走到阿耆尼國時，已經很疲勞了，需要換幾十匹精力充沛的馬，繼續前行。玄奘提出換馬的請求，阿耆尼國王滿口答應。

玄奘想起，高昌王麴文泰為沿途的國王準備了二十四封信，於是取出一封恭敬地呈給阿耆尼王。他沒料到，阿耆尼王打開信一看，竟然臉色大變。

原來，高昌國經常侵擾阿耆尼國，動不動就派兵來這個國家搶劫。兩國素有嫌隙。麴文泰準備這些信時，一心一意要為玄奘開路，忘了這些糾葛。

看過高昌王的信，阿耆尼國王說什麼也不願提供補給的馬匹了。

歷史上真實的玄奘是一個非常智慧，有超凡的觀察力、判斷力的人，絕非像《西遊記》中所說的那樣。面對態度迥異的阿耆尼國王，玄奘識趣而退。他知道，以他個人的力量，無法調和阿耆尼國與高昌國之間的恩恩怨怨。

阿耆尼王城內有十幾所寺院。玄奘一行留住一宿，次日便早早動身離開了。繼續西行四日，渡過了兩條大河，又行走了數百里，一行人馬進入龜茲國（今新疆庫車）境內。

辯經龜茲國

龜茲是當時絲綢之路上的重鎮，比阿耆尼國要大得多。受印度影響，龜茲流行歌舞伎樂，女人能歌善舞。

玄奘一行人馬將近王城時，國王蘇伐疊率領群臣及高僧木叉踘多已恭候在王城東門外。玄奘一到，一位年輕俊秀的僧人捧著一盤鮮花敬獻上來。玄奘雙手合十，恭敬地接受，手捧花盤，敬獻在佛像前。

進入城內，直入寺院。王城內塔寺眾多，建築莊嚴，佛像高大，裝飾輝煌。將玄奘一行安頓在王城中最大的寺院——阿奢理兒寺——休息，蘇伐疊便先行告退了。

次日，蘇伐疊在王宮設宴，歡迎玄奘。在宴會上，蘇伐疊發現，高僧木叉踘多盡情享受飯菜中的肉食，玄奘卻只揀食肉邊的蔬菜。他大為不解。

龜茲國盛行小乘佛教，依據小乘佛教的《四分律》、《十誦律》等，僧人可以食用「三淨肉」。所謂「三淨」，一是我眼不見其殺，二是沒有聽說是為我而殺，三是沒有為我而殺的嫌疑。滿足這些條件的，就是「淨肉」，僧人也可以食用。

玄奘解釋說：「漢傳佛教地區，依據《大般涅槃經》、《梵網經》、《楞伽經》等大乘經典，明確要求僧人禁斷一切肉食。僧人以素食為生活定制。因此，我不能食葷破戒。」

蘇伐疊這才知道，佛法中還有大小乘，並且有各自不同的生活習慣。他趕緊命人重新為玄奘準備素食。

午齋過後，蘇伐疊陪同玄奘回到龜茲國第一高僧木叉踘多住持的阿奢理兒寺。木叉踘多曾在天竺遊學二十餘年，對佛學很有研究。

木叉踘多只是出於禮貌接待玄奘，並不認為玄奘有什麼佛學造詣，他說：「《雜阿毘曇心論》（簡稱《雜心論》）、《俱舍論》、《阿毘達磨大毘婆沙論》（簡稱《大毗婆沙論》）等經典，龜茲國都有，你留在這裏學習就足夠了，不必再西行求法，備受跋山涉水的艱辛。」

木叉踘多提到的小乘佛教說一切有部的經典，玄奘都很熟悉，因此，他問：「大師，龜茲國有沒有《瑜伽師地論》？」

木叉踘多一聽，毫不客氣地說：「法師，你何必提及這種充滿邪見的書？真正的佛弟子哪有學這本書的？」

在印度，佛教的大小乘之間的論爭也是非常激烈的。大乘佛教將部派佛教貶為「小乘」，這裏的「小」，有貶義。部派佛教則以「大乘非佛說」之論與大乘相抗拒，宣稱大乘經典並非是釋迦佛陀所宣說。

玄奘反駁說：「《大毗婆沙論》、《俱舍論》這些典籍，大唐也有，我只是嫌其義理疏淺，不是究竟之談，所以才發願西行求學《瑜伽師地論》。況且，《瑜伽師地論》是未來佛彌勒菩薩所宣說的，您說是邪書，不怕墮入無底地獄嗎？」

木叉踘多雖然認同彌勒菩薩是未來佛，但拒絕承認《瑜伽師地論》為其所說。為了不在這個問題上糾纏，他換了一個話題說：「大唐來的年輕法師，你說《大毗婆沙論》、《俱舍論》不夠高深，是沒有弄明白吧？」

玄奘反問：「您都懂？」

木叉踘多充滿信心地說：「我都懂。」

於是，玄奘馬上引用《俱舍論》的開頭部份提出問題。結果，木叉踘多一開口回答就錯了。玄奘進一步追問，木叉踘多還是講不通。他臉色大變，說：「你再問其他的問題！」玄奘另舉了一段，木叉踘多還是講不通，他乾脆說：「你說的這一段文字，不是《俱舍論》中的。」

阿耆理兒寺的僧人智月，是龜茲國王蘇伐疊的叔父，他當時坐在一旁。他提醒木叉踘多，玄奘所說的經文，確實出自《俱舍論》，智月還拿出經書指給大家看。

木叉踘多無話可說，他自我解嘲地說：「我年紀大了，記不清了。」

雖然辯倒了龜茲國的第一高僧，玄奘並沒有感到高興，反而非常失望。

本來打算休整幾天繼續西行，但因天山的山路為大雪所封，無法前進，玄奘一行只好在龜茲停留了兩個多月。

大雪山歷險記

歷險大雪山

大雪過後，山道開始暢通，也到了玄奘離開龜茲國的時候。國王蘇伐疊也給玄奘撥付了許多勞力、駱駝、馬匹，並率領群臣、眾僧等出城相送。

西域諸國都是綠洲國家，但是從一個國家到另一個國家之間，往往會有幾百里無水無草的荒漠，而這些地方基本上都是無人管轄的地區，經常會遇到盜賊。

玄奘一行人又踏上西行之路，剛走了兩天，就遇上了一夥強盜。這是一夥突厥強盜，有兩千多人，而且還都騎著馬。一方是兵強馬壯、虎視眈眈的悍匪，一方是帶著大筆盤纏的玄奘一行。

這些強盜有備而來，知道玄奘一行盤纏甚豐。他們人多勢眾，根本不把玄奘等人放在眼裏，覺得攫取這些人的財物有如探囊取物，也就沒有急於下手。

兩三個首領聚在一起商量財物到手後的分贓方案時，產生了分歧，先是大聲爭吵，繼而動手打了起來。強盜們分成三派，愈打愈激烈，後來你追我趕，竟然離玄奘一行愈來愈遠。

玄奘等人僥倖逃過一劫，保全了性命和財物。

繼續前行六百里，穿過一片小沙漠，來到跋祿迦國（今新疆阿克蘇）。停留一宿，又向西北行走了三百多里，一行人來到天山腳下。

天山的冷酷與龜茲國王的熱情，形成了鮮明對比，玄奘又一次感受到大自然的力量和無情。

天山位於蔥嶺北隅，山勢險峻，高聳雲天，自古以來，冰雪所聚，積而成冰，春夏不消，凝凍成片，與白雲相連接。站在山下仰望時，只見天高處一片白雪皚皚，根本分不清哪裏是雲、哪裏是雪。山上時有冰岩崩落，橫七豎八地堆積在路側，有的高達百尺，有的寬廣數丈，以致山路崎嶇，須或繞或爬，艱險異常。

日落時分，太陽沉到雪山背後，露出崢嶸雄勁的山峰。後來，整個雪山遮住了太陽，太陽則把較高的山峰染紅了。這些山巔像巨人一樣，氣勢洶洶地俯視著在山間行走的玄奘一行。山上風大，一陣凜冽的風颳過來，帶著雪粒子，雖隔著面紗，打在臉上，仍然覺得臉頰和下頷生疼。玄奘一行雖然穿著很厚，仍然不免瑟瑟發抖。

白天，燒水煮飯只能懸鍋而炊。晚上休息時，也找不到一塊乾燥的地方，只能把毛氈鋪在冰雪上，將就著側身躺下。

山路為積雪覆蓋，另一側就是懸崖峭壁。有時山高處的大團雪塊被風吹落下來，有時腳下的冰層忽然斷裂，前行的每一步都充滿風險。一行人中，有人被狂風颳下山崖，有人掉進深不見底的冰洞，有人被風雪無情地凍死在路上。

在雪山中行走了七天七夜，玄奘一行終於來到山下。清點隊伍時，玄奘發現隨從凍餓而死的十有三四，牛馬死亡更多。

巧遇西突厥之王

從冰天雪地的天山下來後，玄奘一行到達熱海（今吉爾吉斯伊塞克湖），稍作休整，又從熱海湖岸向西北行進。熱海是個內陸湖，冬季也不結冰，周長一千四百多里，東西長而南北狹，煙波浩渺，一望無際，不待風起而洪波數丈。行至碎葉城（今吉爾吉斯阿克別西姆）時，遇到了遊獵的西突厥之王統葉護可汗。

玄奘一行之所以沒有經疏勒西行而北逾天山，目的就是想到西突厥王廷尋求統葉護可汗的庇護。

可汗知道玄奘要去天竺求法，高興地說：「我現在要到遠處狩獵，過兩三天就會回來，請法師先到我的衙帳休息。」隨即，他派一位近臣護送玄奘過去。

兩三天後，可汗狩獵歸來，立刻派人引玄奘來可汗所居的大帳。大帳以金花作裝飾，燦爛奪目。在帳前鋪好的長席上，身穿錦衣的突厥官員排成兩行，等候玄奘到來。玄奘離大帳三十來步時，可汗走出大帳迎拜，傳話慰問，請入大帳。

西突厥原本信仰拜火教，為表達對火神的尊重，不設床桌，因為木器含火，坐在上面有褻瀆神明之虞。西突厥人直接在地上鋪上墊子，席地而坐。為示尊重，可汗為玄奘準備了一把鐵交椅，上面鋪著舒適的墊子。這時，高昌使者進帳，遞交國書與信物。可汗一一過目後，高興地宣佈，宴會開始。眾人飲酒食肉，可汗為玄奘奉上了餅飯、酥乳、石蜜、葡萄之類。

歡迎宴會結束後，可汗請玄奘為大家講解佛法。趁可汗高興，玄奘宣講了佛家愛惜物命、護生得福，以及怎樣出離生死輪迴、獲得解脫等道理。可汗聽了不停地點頭，並不時以手加額，表示認可。

可汗說：「法師，您講得太好了，就在本國留下來吧，不必再西行了。您不知道，天竺那個地方天氣炎熱，十月裏熱得跟這裏的五月一樣。」可汗抬頭打量了玄奘一番，幽默地說：「我看您的相貌，到天竺怕是會被太陽烤得融化掉。」

聽了可汗的話，玄奘與在座的其他人都笑了起來。

玄奘說：「我去那裏，只為瞻仰佛陀留下的聖蹟，求取佛法。」

可汗聽了，搖著頭說：「天竺人皮膚黝黑，他們喜歡赤身露體，毫無威儀可言，我看那裏實在沒有什麼可看的！」

可汗的話，讓玄奘有所擔心，怕可汗會像高昌王一樣不放他走。但這可汗倒通情達理，他見玄奘沒有留下來的意思，也不勉強。

出於對玄奘的尊重，當然，也是看高昌王的面子，可汗給了玄奘豐厚的供養，還在軍中找出一位兼通漢語和西域諸國語言的青年官員，命令他帶上可汗致沿途各屬國的國書，把玄奘等人送到西突厥王國的邊界迦畢試國（今阿富汗喀布爾）去。

有統葉護可汗的庇護，玄奘等人走得很順利。從碎葉城一路向西行走了一千多里路，經過了好幾個國家，玄奘等人平安到達颯秣建國（今烏茲別克撒馬爾罕）。

感化拜火教徒

颯秣建國舉國上下都信仰拜火教，不信佛教。王城內雖然有兩所佛教寺廟，但沒有僧人住持。當地人也不允許僧人在寺院中居住。如果有過路的僧人在寺中投宿，當地人就會縱火驅逐。民眾認為，只有拜火教是光明的，其他宗教都是黑暗的。

但玄奘畢竟是從西突厥王朝的統葉護可汗那裏過來的，可汗還專門派人一路護送，因此颯秣建國王雖然沒把玄奘放在眼裏，出於禮貌，還是予以接見，但是態度傲慢。玄奘向國王詢問了有關拜火教的知識，進而善巧地談起了佛法中的因果、緣起、福報。

玄奘問：「大王，您有福報貴為國主，您覺得，是因為前生做的善事多，還是惡事多？」國王說：「當然是善事多。」

「以前生做善事為因，今生得到做國王的果；今生以做善事為因，同樣能得到來世做國王的果。這就是佛陀講的善惡福禍、因果緣起。大王，您覺得有沒有道理？」

國王聽了，有所震動，他說：「法師所言極是，令我豁然開朗。」他當場歡喜地「請受齋戒」，並誓願以後遵照佛門的規矩生活。

僅這一面之緣，玄奘就以智慧善巧的弘法方式，令國王的態度由傲慢變成尊重。

玄奘雖然折服了國王，但整個颯秣建國對佛教的態度依然不友好。

與玄奘同行的兩位僧人，看到王城裏有兩座寺院，就歡喜地依照佛教的禮儀前往燒香禮佛，結果被兩個拜火教徒把火投到了身上。他們狼狽地跑回王宮，將此事稟告了國王。

國王聽說這件事後，勃然大怒。此前，如果民眾按照拜火教事火的方法驅趕僧人，國王是默許的。此時，國王為了表達自己對佛法的虔誠，下令拘捕縱火者，並傳令召集王城百姓，要當眾砍掉縱火者的雙手。

玄奘聞聽不忍，急忙前來勸阻。他說：「人間的善法是佛法的基礎。大王，如果佛陀看到眾生即將被毀壞肢體，他一定會慈悲為懷的，也請大王慈悲，寬恕這兩個不懂事的人吧。」

國王聽了，不解地問：「法師，我嚴懲縱火者，不就是為了維護佛教的尊嚴嗎？您不應該阻攔我啊？」

玄奘說：「大王，那兩個人依據風俗，不知縱火驅逐僧人是做了錯事，大王就算砍掉他們的雙手，他們也不知道錯在哪裏啊！佛陀說，暴力無法止息暴力，仇恨無法熄滅仇恨。砍掉他們的雙手，他們難道不會對佛教更加仇恨嗎？」

國王聽從了玄奘的勸告，對王城民眾宣佈：「對這兩個縱火者，理應處以砍手的刑罰，大唐來的高僧卻勸我寬大為懷。雖然手可以不砍，但為示懲戒，他們將被鞭笞，並逐出王城。再有敢縱火冒犯僧人者，必遭嚴懲。」

這樣的處理結果，在崇尚拜火教的颯秣建國是前所未聞的。王城民眾從此不再冒犯路過的僧人。消息傳開以後，整個颯秣建國的民眾都開始尊重僧人。

為讓佛教在颯秣建國扎下根，玄奘又勸國王度僧居寺。玄奘剃度的僧人，被國王安頓在王城內的寺院裏。颯秣建國的信仰風俗，從此發生了微妙的變化。

縛喝國的「佛門三寶」

玄奘一行向西南方向行進，走了三百多里，途經四五個小國家，進入帕米爾高原的西部。他們沒有逗留，繼續翻山越嶺，到達了活國（今阿富汗昆都）。

隨行的突厥青年官員對玄奘說：「法師，活國的呾度設（「呾度」為名，「設」為官名，相當於領主），是我們統葉護可汗的長子，他一定會和可汗那樣好好地招待您。」

玄奘聽了，滿心歡喜，見到呾度設後，他遞上高昌王準備好的信。沒想到，呾度設讀著信，忽然號啕大哭起來。

原來，呾度設的第二任妻子，就是高昌王麴文泰的妹妹，前不久剛去世。呾度設讀著高昌王的信，思及亡人，不禁悲從中來。

玄奘雙手合十，誦經超度，他安慰呾度設說：「大王，生老病死，人生無常，願死者得解脫，生者得安穩吧。」

呾度設當時重病在身，玄奘的這幾句話說到了他的心窩裏，他誠懇地說：「法師，您從高昌過來，一路勞頓，請在這裏多住幾天。我看見您之後，眼睛亮多了，心情也好多了。等我身體再恢復一下，我親自把您送到婆羅門國去。」

當時，有位從天竺來的梵僧也在活國王宮裏，他天天為呾度設念咒祈福。呾度設的身體真的漸漸好轉起來。玄奘沒想到，身體好轉後的呾度設，並沒有馬上履行他的承諾，而是忙著迎娶一位年輕的妻子。

新婚不久，呾度設又生病了。過了沒幾天，呾度設不治而亡。

遇到不幸的國喪，玄奘只好在活國又住了一個多月。

活國有位高僧達摩僧伽，曾在天竺留過學，是蔥嶺以西公認的「法匠」。玄奘向這位高僧請教佛法。

達摩僧伽很自信，他對玄奘說：「佛教的各種學說和經典我都瞭解，你有問題可以隨意問。」玄奘瞭解到達摩僧伽不修習大乘，就提問與小乘經典有關的問題。然而，達摩僧伽的解答並不圓滿，被玄奘指出諸多破綻。

達摩僧伽不愧為高僧，玄奘這樣做，他並沒有生氣，而是歡喜地四處為玄奘揚名，說：「你們可要尊重這位大唐僧人，他比我還要高明。」

西行路上，玄奘多次與高僧辯經，都未能解除他在佛學上遇到的困惑。他慨歎說：「看來只有到佛教的發源地天竺，才能學習到最完備的佛法。」

呾度設的長子特勤繼位，成為新國王。玄奘想得到新國王的幫助，盡快到天竺去。

這位新繼位的國王卻建議玄奘先到他屬下的縛喝國（今阿富汗巴里赫）去看看，他說：「法師，縛喝國是大雪山以北的佛教中心，有『小王舍城』之稱，有很多聖蹟值得瞻仰。」

恰巧，玄奘在活國遇到幾位縛喝國的僧人。他們告訴玄奘：「從縛喝國到天竺去，另有一條大路，比從活國過去好走。」

玄奘向新國王辭行，來到縛喝國。王城有「小王舍城」之稱，寺院有一百多所，僧徒有三千多人，都以修學小乘為主。王城外，納縛寺還藏有佛門三寶：一是「佛澡罐」，據說是佛陀曾經用過的，可容一斗多水；二是佛牙，長約一寸，寬八九分，黃白色，常常放光；三是「佛掃帚」，是用迦奢草做的，長二尺多，直徑達七寸，掃帚柄上還有雜寶作為裝飾，據說是佛陀親自用過的。這三件佛寶，每逢齋日，寺院都會擺出來供信眾觀禮朝拜。

令玄奘意想不到的是，在他拜瞻這三件佛門至寶時，圍觀的人忽然發出一陣陣的驚歎。他聞聲抬起頭，這三件聖物竟然同時閃閃放光。

磔迦國（今印度旁遮普）的小乘三藏般若羯羅也在瞻禮現場。他和玄奘一見如故。

般若羯羅鑽研小乘佛教的義理，尤其精通《阿毘達磨》、《俱舍論》、《大毗婆沙論》等論典。

遇到這位博學的高僧，玄奘當然不會放棄學習的機會。在納縛寺，他陪般若羯羅住了一個多月，系統地學習了《大毗婆沙論》。

聽說玄奘發心去天竺求法，般若羯羅讚歎之餘，還與他結伴而行。他們經由揭職國（今阿富汗加茲谷）向東南行進，歷盡艱辛越過大雪山，又在崇山峻嶺中跋涉了六百餘里，來到梵衍那國（今阿富汗巴米揚）的王城。

天竺愈來愈近

梵衍那國位於雪山之中，其王城巴米揚，是個重要的佛教聖地。城中有寺院十幾所，僧眾數千人，均修學小乘的出世部。玄奘和般若羯羅在城中逗留了半個月。梵衍那國的國王還請玄奘到宮中接受供養。城中的兩位高僧阿梨耶馱娑、阿梨耶斯那見到玄奘後，讚歎不已，引領他到各處瞻仰聖蹟。

在王城東北的山谷中，玄奘看到了兩尊大佛。一尊是在山上摩崖雕刻的石佛，高一百四五十尺；另外一尊是石造的佛立像，高一百尺，即舉世聞名的巴米揚大佛。兩尊大佛相距四百公尺，遠遠望去金色晃耀，寶飾燦爛，十分醒目。

東邊的大佛身披藍色袈裟，西邊的大佛身著紅色袈裟，佛像臉部和雙手均塗有金色。兩尊大佛，面部飽滿，鼻樑修長筆直，眉如彎月，眼似杏核，雙手做轉法輪印。佛像兩側均有暗洞，洞高數十公尺，可拾級而上，直達佛頂，高處平台可站立百餘人。大佛洞窟的天井上彩繪著大量的飛天與菩薩。

經常有高僧在石洞中講經，信眾們圍聚在佛像前聆聽。大佛的鼻孔是天然揚聲器，講經者的聲音被放大數倍，清晰地傳到聽眾耳中。除了大佛窟之外，山谷中還有七百五十個小石窟，常年居住著各國來此參拜的僧人。

在平靜的山谷中見到這麼大的佛像，玄奘內心很激動。這兩尊大佛，與大唐的佛像風格迥然不同，傳遞著天竺國的氣息。靜心瞻仰大佛時，玄奘聽到了自己「怦怦」的心跳聲，他強烈地感覺到，自己離天竺愈來愈近了。

離開梵衍那國後，玄奘等人往東又進入茫茫雪山。走著走著，他們迷路了，幸虧得到山裏獵人的指引，這才脫了險。之後，他們翻越黑山（今阿富汗東部），到達迦畢試國（今阿富汗貝格拉姆）。

迦畢試國是西突厥王朝勢力範圍的邊界。玄奘平安到達此國，統葉護可汗派來的隨從便和他分手作別了。

迦畢試國位於群山之間，國王和民眾都信仰佛法，舉國上下，佛教興盛。國王愛育百姓，智勇雙全，統治著周圍十幾個小國。國內有寺院百餘所，僧眾六千人，這些寺院都修建得高大寬敞。更讓玄奘欣喜的是，迦畢試國的僧人多數研習大乘佛教。

在迦畢試國，玄奘受到國王和僧眾的普遍歡迎。很多寺廟為了邀請玄奘入住，甚至發生了激烈的爭吵。有一位沙落迦寺的僧人對玄奘說：「法師，我所在的寺院是漢王子修建的，您從那裏來，應該住到我們寺院去。」

同行的般若羯羅是修學小乘的，他不願意住在修學大乘的寺院裏。而沙落迦寺的僧人也修學小乘。於是，玄奘與般若羯羅便先住進了這座寺院。

據說，那位漢王子建造這座寺院時，在一座佛像的腳底下，埋藏了很多珍寶，預備以後維修寺院用。這個傳說，當地人人皆知。曾有個貪婪的國王想奪走這批珍寶，三番五次帶兵來挖，都因地震而不得不中止。

沙落迦寺院的僧人一直想用這批珍寶來維修寺廟，但是他們也不敢挖。看到玄奘是從大唐來的，僧眾們覺得機緣到了。

在僧人的帶領下，玄奘來到漢王子畫像前，焚香禱告說：「您當年留下這批珍寶，是為了給後人修繕寺院用，現在需要用到它們了。如您允許，我願監督取出珍寶，把錢用在正當的地方，絕不浪費。」

隨後，玄奘命人挖掘，平安無事。掘地數尺後，挖出一個大銅器，裏面有黃金數百斤、明珠數十顆。僧眾們對玄奘無不心悅誠服。在玄奘的監督下，這筆財產完全用在了寺院維修。

不久，夏天來臨。佛教規定，僧人在夏季三個月中要在寺中「結夏安居」，安心誦經，不能四處走動，以免誤傷其他生命。因此，玄奘和般若羯羅都在沙落迦寺隨眾「結夏」。

結夏期間，迦畢試王邀請玄奘到一座大乘寺院講法五天。前來聽講的法師中，有著名的高僧秣奴若瞿沙、阿黎耶伐摩、求那跋陀，這三人各是當地各宗的佛學領袖。但是他們學不兼通，大小有別。而玄奘兼通大乘小乘，隨人發問，應答如流，大眾無不信服。

結夏結束後，般若羯羅和玄奘告別，去了睹貨羅國。玄奘則向東行進了六百多里，翻越黑嶺（興都庫什山脈的一座山峰），進入了北天竺地界。

「佛教大學」那爛陀

走進那爛陀

玄奘來到北天竺的濫波國（今印度與阿富汗交壤處的拉格曼地區），然後經過那揭羅曷國（今阿富汗賈拉拉巴德）、犍陀羅國（今巴基斯坦白夏瓦）、烏仗那國（今巴基斯坦斯瓦特）等國家，來到佛教史上著名的迦濕彌羅國（今印度、巴基斯坦分治的克什米爾地區）。

迦濕彌羅國的第一高僧僧稱法師，學問淵博，修為極高。玄奘請僧稱法師為他講授佛教經典。僧稱法師上午講《俱舍論》，下午講《阿毘達磨順正理論》（簡稱《順正理論》），晚上講《因明》（古印度的邏輯學）和《聲明論》（梵文語言學），玄奘聽講時格外用心，對每個細節都用心鑽研，細細領會。僧稱法師對僧眾說：「這位大唐僧人雖然年輕，但他智力超群，一定能光大佛法。」

迦濕彌羅國國王很欣賞玄奘，尤其見他千里迢迢前來求法，就派了二十名書手為他抄寫佛經，還派了五個人照料玄奘的生活起居。玄奘在迦濕彌羅國停留了近兩年時間，鑽研梵語佛經，為日後周遊印度和回國翻譯佛經打下了堅實的基礎。

離開迦濕彌羅國以後，玄奘繼續前行，經過了幾個國家，終於到達中天竺。期間多次遇到強盜，有一次還差點被外道當作祭品殺掉，但均有驚無險。沿途各地的佛教聖蹟讓他放慢了腳步，他依次到藍毗尼（佛陀的出生地）、菩提伽耶（佛陀成道地）、鹿野苑（佛陀說法地）、祇園、靈鷲山、娑羅樹林（佛陀入滅地）等地朝禮。

貞觀五年（六三一年）秋末冬初，一路歷經千難萬險的玄奘，終於來到了他西行的目的地——位於中天竺摩揭陀國的那爛陀寺。

在踏入那爛陀寺的山門之前，玄奘已經清楚地瞭解到，中天竺一帶，以舍衛國、摩揭陀國為中心，是佛教的發祥地。佛陀一生中的大部份時間，是在摩揭陀國度過的。佛教史上的四次佛典結集，其中的第一次和第三次是在摩揭陀國完成的。有關佛陀的聖蹟，絕大部份在王舍城附近。

位於王舍城外的那爛陀寺，是當時的佛教最高學府，寺院規模宏大，擁有六個僧院，常住僧眾四千多人，精通經論的一千多人，可謂人才濟濟。天竺諸國乃至他方異域的求學者紛至沓來。

國王戒日王是個虔誠的佛教徒，他發願在恆河沿岸建立多座佛塔，凡是有佛陀遺蹟的地方，都建立起了寺院。他一直為那爛陀寺僧人提供著生活所需，讓僧眾安心專修佛法，開展佛學研究。

遠在長安時，玄奘聽三藏法師波羅頗迦羅蜜多羅介紹過那爛陀寺的戒賢法師。

戒賢法師出身王族，婆羅門種姓，東天竺三摩呾吒國（今孟加拉國庫米拉一帶）人。戒賢法師三十歲時曾在辯經中折服了前來挑戰的外道，從此享有盛譽。戒賢法師精通《瑜伽師地論》，是戒日王時代印度大乘佛教的最高權威，不僅精通佛典，對外道論典，戒賢法師也無不精通。在那爛陀寺，僧眾通常從不直呼戒賢法師的法名，而是尊稱他「正法藏」。

離那爛陀寺愈近，玄奘心情愈複雜。一方面，他心中有困惑，不知道為什麼佛教會在發源地天竺諸國出現衰敗；另一方面，他知道進入那爛陀寺學習要通過嚴格的層層甄選，不知道自己會面對怎樣的辯經。

其實，那爛陀寺的僧眾早已聽說有位大唐來的僧人要入寺學習。為此，戒賢法師專門委派四位高僧來迎接玄奘。

進入那爛陀寺山門時，寺中又走出來兩百多位僧人、一千多位施主，他們舉著華蓋、手捧鮮花前來迎接。

如此隆重的歡迎儀式，表明那爛陀寺對玄奘已經免試，提前予以接納。玄奘在那爛陀寺可以與僧眾共享一切。

在玄奘眼裏，年高德劭的戒賢法師就是當時活著的佛陀。天竺的最高禮節是「頭面作禮」。由於人身上最高貴的是頭，最卑賤的是腳，以自己之所貴觸碰他人之所賤，表示自己敬重對方。見到戒賢法師後，玄奘虔誠地跪下來，用自己的額頭輕輕地觸碰戒賢法師的腳。

戒賢法師問：「法師，你從哪裏來？來這裏做什麼？」

玄奘恭敬地回答：「弟子從大唐國來，想師從法師學習《瑜伽師地論》。」

戒賢法師說了聲「好」，隨即放聲大哭起來。

大唐僧人來求學，本來是件很好的事，戒賢法師為何突然有這麼異常的反應？這突如其來的一幕，令在場的人都懵了！

戒賢法師的夢

戒賢法師沒有對此事做出解釋，而是讓站在他身邊的隨侍弟子、另一位那爛陀高僧佛陀跋陀羅開口來說。

在那爛陀寺，佛陀跋陀羅以博通經論、善於言談而著稱。他向大家講述了戒賢法師三年前做過的一個夢。夢中的那段奇遇，這就是為什麼戒賢法師今天見到玄奘後痛哭流涕的原因。

原來戒賢法師一直患有痛風病，病一旦發作起來，不但手腳不聽使喚，身上的各個關節都像被火燒刀割一般，疼痛難忍。三年前，病情突然加劇了，戒賢法師痛不欲生，準備以絕食的方式結束自己的生命。

一天夜裏，戒賢法師在夢中見到了三位菩薩。這三位菩薩相貌端正莊嚴，面容慈祥和藹，一位皮膚呈黃金色，一位皮膚呈碧綠色，一位皮膚呈銀白色。其中一位菩薩對長老說：「你就準備這樣了結自己的生命嗎？雖然佛經上講人身是苦，但是並沒有勸人厭棄人身。你之所以會這樣痛苦，是因為你前世做國王時，不愛護自己的眾生，才招來這個惡果。如果你真誠懺悔過去的罪業，就有可能減輕痛苦；如果你安忍痛苦來宣揚佛法，你的痛苦也會自然消除。你應該明白，簡單地厭棄自己的肉身，無法從根本上減除痛苦。」

戒賢法師在夢裏聽了這番話，趕緊頂禮感謝三位菩薩的開示。

這時，那位皮膚呈黃金色的菩薩指著皮膚呈碧綠色的菩薩說：「你認識他嗎？他是觀世音菩薩。」說著，又指著皮膚呈銀白色的菩薩說：「他是彌勒菩薩。」戒賢法師一聽，馬上跪在彌勒菩薩的腳下，因為他精通的《瑜伽師地論》，就是彌勒菩薩口授的。

戒賢法師對彌勒菩薩說：「希望我來世能轉生在您的身邊。您看可以嗎？」彌勒菩薩回答說：「只要你廣傳正法，你就可以來到我身邊。」

皮膚呈黃金色的菩薩自我介紹說：「我是文殊師利。我們見你無法忍受痛苦，想放棄生命，甚至忘記了自己的弘法利生的使命，所以才來勸你。你好好地宣講《瑜伽師地論》等經典，把它們傳播開來，你就不會有痛苦了。」

戒賢法師認真地聽著，不住地點頭。

文殊菩薩接著說：「有位大唐僧人，將遠道而來，跟你學習佛法，你等著教導他吧。」

今天，聽說玄奘不遠萬里，從大唐來天竺師從自己學習《瑜伽師地論》，戒賢法師一下子想起了當年的夢，欣喜無限，不能自已。

佛陀跋陀羅講完，僧眾都感覺玄奘來到那爛陀寺是一件不可思議的事，在玄奘、戒賢法師與《瑜伽師地論》之間，有著殊勝的因緣。

聽說了這一因緣的始末，玄奘也一樣悲欣交集，他再次對戒賢法師頭面作禮，激動地說：「法師，我一定盡力聽習，請法師慈悲教導吧。」

此時，戒賢法師又問：「法師，你這一路上走了幾年？」

玄奘想了想，三年前這個時候，他剛好離開長安走向天竺，於是恭敬地回答：「三年。」

這在時間上再次印證了戒賢法師三年前的那個夢。戒賢法師甚為欣慰。

《瑜伽師地論》

自從玄奘到來後，戒賢法師的身體不再那麼痛苦。於是，他決定宣講《瑜伽師地論》。那爛陀寺百歲高僧親自開講一百卷的大論！消息傳開，聽講者蜂擁而至。

講經時，戒賢法師先把經文背一段，問：「懂不懂？」如果眾人說「懂」，他就背誦下一段；如果有人不懂，就站起來提問，他當場解答。他解答之後，再問：「懂不懂？」

戒賢法師說，瑜伽之教，首先由佛陀傳授給彌勒菩薩，後來，彌勒菩薩又傳授給無著。

兩百多年前，無著出生在犍陀羅國的一個婆羅門家庭，出家為僧後，他發願住山修行，天天祈請彌勒菩薩，但在六年時間裏，他連跟菩薩有關的夢也沒做一個。

無著沒有了信心，決定下山。途中，他遇到一位磨鐵棒的老人。他問：「你磨鐵棒幹什麼？」老人說：「我要把它磨成一根針。」無著想：「為了一根針，世人都有這樣的耐心。我想獲得殊勝的智慧，怎可輕言放棄？」

他又回到山上苦修。三年後，他認為根本沒有希望，又決定下山。途中，他看見一隻母狗，後腿被打斷了，血肉模糊，肉裏蠕動著很多蛆蟲。無著想幫狗把蛆蟲清理出來，但是用手去捏，又怕為了護生而殺生。無著想不出更好的辦法，只好伸出舌頭把蛆蟲舔出來。這樣做，太噁心了，他閉著眼睛去舔。

舌頭碰觸到的，卻是路邊的石頭。無著睜眼一看，哪有什麼母狗，眼前站著的是滿臉笑容的彌勒菩薩。他抱住彌勒菩薩的腿哭著問：「我天天祈請，您為什麼不來？」

彌勒菩薩說：「你還記得磨針老人嗎？我一直在你身邊，只是你業障太重，認不出來而已。不信，你把我扛在肩上，進城再試試集市上的人。」

無著將彌勒菩薩扛在肩上，走進城裏，逢人便問：「我肩上有什麼？」很多人說：「什麼也沒有。」只有一位業障稍輕的老婦說：「您扛一隻快死的母狗幹什麼？」

此後連續四個月，彌勒菩薩每天晚上都來對無著說法。聽講的人，只有無著能見到彌勒菩薩，其他人業障輕的能聽到聲音，業障重的既聽不到也看不到。無著聽講所作的筆記就是《瑜伽師地論》。

戒賢法師講經，幽默風趣，深入淺出。他系統地講完一遍《瑜伽師地論》時，時間已經過去了十五個月。

在這一年多的時間裏，玄奘理清了佛法傳承的脈絡。原來在佛陀示寂後的這一千年中，對於如何修學佛法，大乘小乘各有說法。彌勒菩薩宣講的《瑜伽師地論》，融會了大小乘所有的修法，他把追求身口意統一的人統稱為瑜伽師，又把修行分解為十七個步驟，為眾生勾勒出一個貫穿了整個修行過程直至覺悟的藍圖。

佛陀不會忘記沒有解脫的人

玄奘來天竺，目的是求法：一是系統學習《瑜伽師地論》；二是「求取真經」，把天竺最重要的佛經、最新出現的佛經帶回大唐去。

在學經之外，玄奘花了不少精力系統地學習了梵文。在戒賢法師的指導下，他還系統地學習了因明學和聲明學。

一天午齋後，玄奘陪戒賢法師在林中漫步時，玄奘說：「我真想留在這裏，把這裏的佛經通讀一遍。」戒賢法師停下腳步，問玄奘：「法師，你告訴我，你來天竺求法的初心是什麼？」

「學習《瑜伽師地論》。」

戒賢法師笑了：「佛陀在宣講《大方廣佛華嚴經》（簡稱《華嚴經》）時說：不忘初心，方得始終。你繼續深入《瑜伽師地論》吧。」

「法師，我已經聽您講過一遍，現在其他法師也在講《瑜伽師地論》，您覺得我還要再系統學習一遍嗎？」

「你只學了一遍，不能停下來，這部大論，我已經學了一生，但從未感到滿足。法師，沒有明確的目的，閱讀只是林中漫步，不是學習。」

玄奘心有所悟。從貞觀六年（六三二年）到十年（六三六年），玄奘至少從頭到尾聽過三遍《瑜伽師地論》講解，他潛心攻讀，佛學造詣漸至登峰造極。

戒賢法師喜歡和玄奘探討佛法，他非常欣賞玄奘的悟性與才華，他經常對其他僧眾講：「像玄奘這樣的人，即便是聽到他的名字，都已是難得的機緣，更何況能和他在一起探討佛法呢？」

玄奘也不放過任何一個可以親近戒賢法師的機會。戒賢法師允許他登堂入室。他看到，戒賢法師的住處陳設極為簡樸。在回答玄奘的提問時，戒賢法師的直截與果斷，與他的年齡絕不相稱。玄奘壓抑著心中的驚歎，他把心空成一個瓶子，戒賢法師所說的，他一字不漏地集納起來。

一天，玄奘在外散步時，看到迎面走來一位梵僧。梵僧笑著伸開雙臂，擋住了他前進的腳步：「玄奘法師，您不認識我了嗎？」

玄奘覺得這個人有些面熟，好像在哪裏見過，但一時又想不起來。

「您真是菩薩，怎麼會把我忘記了呢？我在大唐雲遊時，剛到益州就水土不服生病了，那時，是您一直照顧我啊！」

玄奘驚喜萬分，沒想到，他在益州空慧寺照顧過的生病梵僧，就是眼前之人。

「昔日大唐一會，今朝天竺重逢。看到您歷經千難萬險來到這裏，我很高興。您取經的心願圓滿了嗎？計劃什麼時候返回大唐？回去的路上，如果遇到危難，別忘了我教您的《心經》喲。」梵僧微笑著說。

玄奘心中一動，好奇地問：「您到底是誰？」

梵僧說：「我名叫阿縛盧枳低濕伐羅。不過，您不要誤會，雖然和你們翻譯的觀音菩薩是一個名字，我可不是觀音菩薩。」

「天竺是我的故鄉，所以我要回來。大唐是您的故鄉，所以您也要回去。因為佛陀從來沒有忘記那些還沒有從煩惱中解脫出來的人。」

說來也巧，玄奘遇到這位梵僧沒多久，有一天，戒賢法師也對他說：「法師，你的學業已成，可以考慮早日回大唐去傳播佛法啦。」

玄奘說：「可是，這裏的經論，還有很多我沒有讀過。」

戒賢法師說：「佛法很重要的一個方面是流通，是傳播，如果除了瑜伽派以外，你還想去學習別的部派，恐怕會失掉傳播佛法的最佳時機和機緣。智慧是無邊無際、浩如煙海的，只有佛才能夠窮盡一切的智慧。而人的世俗生命就像朝露，死亡何時來臨是無法預料的，也許突然就發生了。你應該考慮回大唐啦。」

玄奘說：「感恩法師教誨。我想到南天竺遊歷一番，然後就往北返回大唐去。」

我之外皆我師

戒賢法師認為，玄奘為學習《瑜伽師地論》來到那爛陀寺，既然學過三遍了，可以回大唐去弘揚佛法了。

但是，玄奘經過五年的學習，發現他在那爛陀寺所學習的，並未能囊括天竺佛教所有的學說和精華。比如，佛陀說眾生都有佛性，都可以成佛；戒賢法師作為瑜伽行派的大師，卻認為有些人沒有佛性，無法成佛。對此，《瑜伽師地論》也沒有給出答案。

因此，玄奘拜別戒賢法師，離開那爛陀寺，以「五十三參」的善財童子為榜樣，重新踏上了遊學的道路。

善財童子是《華嚴經．入法界品》的主角。他雖然只是一位少年，但志向遠大。在文殊菩薩的教誨下，他離開家鄉福城，向南遊學。一路上，他拜訪了五十三位不同身份的善知識（這些善知識，有菩薩、僧人、國王、商人、船師、醫生、婆羅門、魔術師，甚至妓女），領悟了佛法的真諦。

在善財童子出發前，文殊菩薩告訴他：「對善知識應該關注他的德行、特長，效法他的優點，不要去挑剔他的過失。這是參訪的要義。」

走上遊學的路後，文殊菩薩說的這句話，玄奘回味了無數遍。

途經孤山，玄奘聽說山上有座精舍，其中供有一尊用旃檀木雕成的觀音菩薩，頗有靈驗。前來祈願的人，站在護欄外向菩薩散花供養，如果能心想事成，鮮花會落到菩薩身上。

西行路上，玄奘在遇到種種危難時，總是習慣向觀音菩薩祈請幫助。聽說這尊觀音有靈驗，他當然不會放棄親近供養的機會。

玄奘買了各種花，細心地編成花環，他在護欄外虔敬頂禮，心中默默祈願：

「一、若我學成之後，能平安歸國，願花落到菩薩手上；二、若我依所修福慧成就往生兜率天宮，親事彌勒菩薩之事，願花環掛在菩薩的雙臂上；三、戒賢法師說有一部份眾生沒有佛性，我一直困惑。若眾生都有佛性，願花環掛在菩薩頸上。」

玄奘起身，用力將花環撒出，結果盡如所願。守護精舍的僧人上前慶賀說：「法師，這太稀有了！等您將來成佛時，不要忘了今天的因緣，請先來度我。」

在伊爛拏鉢伐多國（今印度比哈爾邦），玄奘尋訪到小乘說一切有部的高僧怛他揭多鞠多，用了一年的時間學習《大毗婆沙論》、《順正理論》。

繼續南行途中，玄奘遇到一位善講因明的婆羅門，他跟隨這位婆羅門，用了一個月的時間學習《集量論》。

旅途中，玄奘遇到了弘揚小乘佛法的高僧蘇部底、蘇利耶，他向二師學習了《根本阿毗達磨》等論，二師向他學習了大乘經論。

低羅擇迦寺的寺主般若跋陀羅造詣很深，玄奘跟他學習了兩個月的梵文語法、因明邏輯。

路過杖林山時，玄奘拜訪了隱居山中的在家居士勝軍論師。勝軍是個了不起的善知識，通達佛教大、小乘諸經論，也精通世間的天文、地理、醫術、術數，為當時的人所敬重。戒日王想請他做國師，勝軍堅辭不受，他說：「我關心的是如何超越生死，沒有時間幫你處理國家政務。」玄奘拜勝軍論師為師，在杖林山居住了兩年，廣泛學習了多部的經論。

一天清晨，勝軍論師看到玄奘一臉的疲憊，於是問：「法師，您沒有休息好嗎？」

玄奘說：「昨天晚上，我做了一個奇怪的夢。我看到那爛陀寺長滿了荒草，殿堂外拴著很多水牛，卻見不到一個僧人。我走進曾經居住的院落，看到樓閣走廊上站著文殊菩薩。菩薩用手指著院落外讓我看。天哪！那爛陀寺籠罩在一片火海中。菩薩說：『你盡快回大唐吧，十年後，戒日王將駕崩，天竺會陷入騷亂。記住我的話。』說完，菩薩不見了。我從夢中驚醒，再也無法入睡。論師，您知識廣博，請告訴我，這個夢到底在告訴我什麼？」

勝軍論師說：「這個世界原非安寧之處。也許這個夢將來會成為現實。既然菩薩對你有所告誡，你還是早作安排吧。」

貞觀十四年（六四〇年），在五天竺遍訪名師的玄奘，回到了闊別已久的那爛陀寺。

屢遭挑戰的那爛陀

玄奘回來後，戒賢法師請他為寺中僧眾開講《攝大乘論》。此時，戒賢法師還不知道，自己的這個弟子已經成為兼通佛教大乘、小乘學說的佛學大家。

一天，戒日王派人把烏茶國小乘論師般若踘多的《破大乘論》送到那爛陀寺來。原來，般若踘多想挑戰那爛陀寺的權威地位，提出辯經。戒日王請戒賢法師選派四位僧人到烏茶國去。

經過認真推選，僧眾中選出四位能代表那爛陀寺水平的法師：海慧、智光、師子光和玄奘。

對天竺僧人來說，辯經是一件極其重大的事，如果辯經失敗，按照以往的傳統，要麼割舌，要麼自殺。海慧等三人知道，般若踘多是小乘教派的領袖，因此他們對辯經能否取勝沒有把握，臉上不免流露出憂慮的神情。

玄奘勸慰說：「諸位不必煩憂。此去辯經，由我出面。我是從大唐來這裏學法的，如果勝了，榮譽當然歸那爛陀寺；萬一輸了，是我學淺智微，那也無損於那爛陀寺的榮譽。」

玄奘這麼說，是有自信的。在五天竺遊學期間，玄奘深入學習了小乘佛教諸部的弘論，他認為用小乘教義駁倒大乘教義，是絕無可能的。

般若踘多遲遲不確定辯經日期，因此，這件事就拖延下來。準備回國的玄奘，只好留在那爛陀寺等待。

恰在這時，有位順世外道找上門來，要和那爛陀寺的僧人辯經。順世外道，既否定婆羅門教的祭禮、靈魂等觀念，也否定佛教的因果、輪迴、業報等觀念，他們倡導追求現世的快樂。這位順世外道寫了四十條論點，張貼在那爛陀寺門外，他聲稱：「如有人能攻破其中一條，我當斷首相謝。」

接連數日，那爛陀寺無人應戰。

為維護那爛陀寺的聲譽，玄奘挺身而出，他請戒賢法師等人作為見證，和這個順世外道展開了辯論。辯經進行了幾個回合，順世外道被問得張口結舌。他起身走到玄奘跟前：「我服輸了，隨您處置。」

玄奘說：「我們佛門弟子連蟲子都不傷害，更何況人？你不要自殺，做我的奴僕吧。」順世外道欣然接受。

玄奘研究《破大乘論》時，曾遇到若干疑難之處。他沒想到，這位順世外道曾聽般若踘多講解該論五遍。於是，玄奘請順世外道為他講解《破大乘論》，從中找出了般若踘多的理論破綻。玄奘用大乘教義一一破斥，寫下《制惡見論》。戒賢法師看過《制惡見論》後，讚不絕口。

順世外道既然幫了大忙，玄奘就讓他恢復了自由。

到烏荼國辯經的事一直沒有下文，玄奘又開始考慮歸國的事。

一天，一位名叫伐闍羅的露形外道（即尼犍子外道，為印度二十種外道之一。尼犍子外道分為白衣派、空衣派二派，白衣派一般即指尼犍子外道，空衣派則特稱為裸形外道。）前來拜訪玄奘。伐闍羅善於占卜，玄奘請他算算，自己是留在天竺好，還是歸國好？如果歸國，是否會順利以及壽命多長。

伐闍羅說：「留在天竺最好。當然，歸國也好。但是歸國的話，您可能只能活到六十歲。當然，如果多放生修福，壽命是會延長的。」

玄奘又問：「以我一人之力，能否將大批的佛經、佛像帶回大唐呢？」

伐闍羅又算了一番，說：「這個不用擔心。到時候，戒日王和鳩摩羅王會幫助您的。過兩天，鳩摩羅王就會派人迎請您到他那裏去。」

玄奘覺得伐闍羅的話不可信，因為戒日王和鳩摩羅王，他都沒見過，他想：「他們怎麼會來幫助我呢？」

沒想到，過了兩天，果真有迦摩縷波國（今印度阿薩姆）的使者走進那爛陀寺：「鳩摩羅王派我來迎請玄奘。」

天竺雙雄

那位順世外道，辯經失敗，成為玄奘的奴僕，沒想到自己能重獲自由。離開那爛陀寺後，他來到東天竺的迦摩縷波國，見到鳩摩羅王後，盛讚大唐來的僧人玄奘有德行、有學識。鳩摩羅王非常好學，特別敬重有學問的人，雖然他並不信仰佛教，但對這位傳說中的大唐僧人卻生起了渴慕，馬上派人去迎請他。

鳩摩羅王對玄奘說：「我不學無術，但仰慕有大學問的人，所以冒昧地把您請來了。」

玄奘介紹了長安的盛況，鳩摩羅王不禁心生嚮往。過了沒多久，他就派遣使臣前往大唐朝貢，向唐太宗貢獻奇珍異寶。

玄奘發現，迦摩縷波國的居民大多信仰婆羅門教，很少有人信仰佛教，國內沒有一所佛教寺院。聽說玄奘來到國內，許多婆羅門教徒找上門來跟他辯論，然而，都鎩羽而歸，沒有一個能取勝的。鳩摩羅王對玄奘愈發敬重，每日都來與他攀談，時間過去一個多月，他也不提送玄奘回去的事。

一天，鳩摩羅王好奇地問玄奘：「佛陀有什麼功德，讓您這樣優秀的人成為他的信徒？」玄奘沒有馬上回答，他寫了一篇〈三身論〉，稱揚佛陀的功德。鳩摩羅王讀過這篇文章，開始對佛教感興趣。

聽說鳩摩羅王把玄奘迎請到迦摩縷波國，作為天竺最大國的國王，戒日王有些不高興，他派使者迎請玄奘回摩揭陀國。鳩摩羅王卻捨不得讓玄奘走。

作為當時的「天竺雙雄」，鳩摩羅王和戒日王後來協商出一個辦法：鳩摩羅王把玄奘送到恆河北岸，戒日王從南岸渡河過來迎請玄奘。

戒日王說：「法師為了佛法，經歷了諸多困苦，來到天竺，看來您的故鄉非常崇尚學習。如今天竺諸國流行演奏〈秦王破陣樂〉，這個曲子是來自您的故鄉嗎？」

〈秦王破陣樂〉是唐朝著名的宮廷樂舞。此曲出現在唐高祖武德三年（六二〇年），是為紀念當時的秦王李世民大破強敵而作的。

玄奘說：「是。那是讚頌我們君主唐太宗的樂曲。」

玄奘的一番介紹，也讓戒日王對大唐傾慕不已，很快他也派出使臣前往長安與大唐通好。貞觀十五年（六四一年），摩揭陀國的使臣到達長安後，唐太宗立即命大臣回訪。大唐與摩揭陀國之間的外交與文化交流，就是由玄奘與戒日王這次見面後開啟的。

第二天，戒日王問玄奘：「法師，聽說您寫了一部《制惡見論》，弟子可否拜讀一下？」

玄奘身邊恰好有這部著作，當即呈給戒日王。戒日王看完後非常讚歎，他對國內的小乘高僧說：「太陽一出來，就不用點蠟燭啦；天上一打雷，鑿子、錘子的聲音就被遮蔽了。你們不知道吧？你們的般若踘多大師聽說這部著作後，再也沒提辯經的事，他借口去朝禮佛蹟遠遠地逃走啦！」

曲女城大辯經

戒日王想：「玄奘的《制惡見論》寫得太好啦！雖然我身邊的這些小乘法師都信服了，但這個影響範圍太小了。其他地方的小乘論師、婆羅門、外道，如果能看到，以後就不會再誹謗大乘了。怎樣才能讓他們看到呢？」

想著想著，他心裏湧現出一個新奇的想法。

「如果在恆河邊的曲女城召集一次無遮大會（指佛教舉行的一種廣結善緣，不分貴賤、僧俗、智愚、善惡，無所遮擋，一律平等對待的大齋會），請五天竺的沙門、婆羅門、各種外道都選派代表前來辯經，讓玄奘以《制惡見論》折服他們。這樣做，豈不更能展現大乘佛法的高明精妙！」

戒日王做事果斷，當天，他就發出敕告，請五天竺各國宗教人士選派代表，來曲女城參與辯經大會。

戒日王的這一心血來潮，讓玄奘由辯經的應戰方變成了挑戰方，由四人團隊作戰變成了單打獨鬥，從面對般若踘多一個人變成了面對全天竺的修行大德。一旦失誤，玄奘勢將身敗名裂；當然，如果能夠成功，他就攀登上了天竺佛學的頂峰。

貞觀十五年（六四一年）春，玄奘來到了曲女城。

出席曲女城大辯經會的，除了戒日王、鳩摩羅王，還有來自五天竺的其他十八位國王，佛教大、小乘僧人代表三千多人，婆羅門及外道兩千多人，那爛陀寺一千多名僧人。一時，曲女城方圓幾十里內，萬頭攢動，盛況空前。

辯經大會的開幕式，像一幕戲劇。大象馱著金光燦燦的佛像走在中間，戒日王扮作佛教的護法天神帝釋天，手執白色拂塵走在右側；鳩摩羅王扮作大梵天王，手執寶蓋走在左側。後面是兩頭盛裝的大象，象背上馱著鮮花，有人邊走邊撒。再後面，是玄奘和高僧們乘坐的大象。其他各國的國王、大臣及高僧等，分乘三百頭大象，在道路兩側魚貫而行。

正式的論辯開始前，戒日王親自鋪設寶座，請玄奘坐下。這表明，玄奘是此次辯經的論主。

玄奘向大眾闡述《制惡見論》的要旨，來自那爛陀寺的高僧佛陀跋陀羅當眾宣讀論文。由於前來參加辯經的人多，會場外還懸掛了《制惡見論》的抄本。依照慣例，玄奘開出了辯經的條件：「若有人能從《制惡見論》中檢出一字無理或不成立者，玄奘當斬首相謝。」

在十八天的辯經期中，終究沒有人能給玄奘的《制惡見論》挑出毛病。玄奘不戰而勝。辯經結束前，他再次登上寶座，讚歎佛陀的功德。很多外道和小乘信徒被《制惡見論》折服，轉信了大乘。

辯經之後，獲勝者要乘坐高大、尊貴的大象在城市中巡遊。戒日王興匆匆地前來禮請玄奘，沒想到，玄奘堅辭不受。戒日王只好讓大臣舉著玄奘的袈裟走在大象前，向大眾宣告：「大唐玄奘法師發佈《制惡見論》，十八天無人能破，大家都應知曉。」

曲女城大辯經，《制惡見論》名震五天竺，玄奘成為大、小乘公認的佛學權威。大乘教派尊稱他「大乘天」，小乘教派尊稱他「解脫天」。這兩個稱號，標誌著玄奘已經攀登到了天竺佛學的最高峰。

歸來馬蹄輕

大象馱經

辯經大會後，聽說玄奘要返回大唐，戒日王說：「弟子發願和法師一起弘揚大乘佛法，您多住幾年再說歸國的事吧！」原本不信佛的鳩摩羅王說：「法師，如果您留在天竺，我要在我的國家為您建一百所寺院。」

玄奘去意已決，向他們傾訴了自己的苦衷：「大唐距離天竺路途遙遠，人們很晚才聽聞佛法，並且對佛法的認知很粗淺，沒有領會到圓融的佛法，為此我才西行求法。我之所以求法圓滿，就是大唐所有修行者共同的願力所致，我不敢片刻忘懷。」

聽玄奘這麼說，戒日王和鳩摩羅王都不再勉強。

戒日王說：「弟子不知道您要從哪條道回去？若取道南海，我派使者送您。」

當時，大唐與天竺之間的海路交通已經比較發達，從南天竺或東天竺的港口出發，途中還可在僧伽羅國停留，然後浮舟南海，就能到達今天的廣州或福建沿海。從時間和體力的消耗、旅途的安全性，以及隨身物品運輸的便利性來講，走海路最方便、最快捷。

玄奘說：「我想走陸路。」

戒日王不解地問：「法師，您歸心似箭，為何又捨易就難？」

玄奘遙望北方，深情地說：「我來天竺的路上，途經高昌國，國王敬重佛法，聽說我西行求法，給了我很大的幫助。他與我相約，學成歸來之日，再與他分享佛法。這個高昌之約，我情不能違。」

戒日王又問：「法師返程，這一路上需要多少費用？」

玄奘說：「無所需。」

戒日王與鳩摩羅王供養了大量錢物，玄奘一概不受，他只接受了鳩摩羅王的一件細絨披肩，以備途中防雨。

北天竺國的烏地多王前來參加法會，也要歸國，正好順路護送玄奘。戒日王給烏地多王一頭大象、三千金錢、一萬銀錢，供玄奘路上使用。玄奘依然堅辭不受。

當地僧眾上前勸說：「自從佛陀滅度以來，歷代君王對佛門雖有佈施，但沒聽說過佈施大象的。大象是天竺之寶，戒日王供養您大象，是對您崇敬之極啊。」

於是，玄奘接受了大象，其餘錢物一概奉還。不久他發現，戒日王送來的這頭大象真是意義重大。這頭體型龐大的象，背上可乘坐八個人，同時還能裝載他要帶回大唐的所有佛經、佛像及其他雜物。

自貞觀三年（六二九年）冒著生命危險偷渡出關，遠赴西天取經，十餘年的光陰過去，已過不惑之年的玄奘，終於踏上歸程。動身之日，戒日王、鳩摩羅王相送至幾十里外，依依不捨，揮淚而別。

戒日王派遣四名大臣帶上國書，快馬趕往沿途的天竺各國，請各國遞相護送玄奘一行。

曬經印度河

跟隨著大象悠哉游哉的步伐，玄奘與烏地多王的人馬以及戒日王委派護送的隊伍輕鬆、從容地行進著。

與來時不同，他不再四處尋訪佛教遺蹟，因為他已經瞻仰過；不再拜師參學，因為佛教大小乘教法他都已學完；也不再孤身涉險，因為有天竺各國國王一程一程依次派人護送。返回大唐的歸途，比起西行求法的時候，可是輕鬆多了！

令人感動的是，三天之後，戒日王與鳩摩羅王各率數百輕騎，追趕上來，再次為玄奘餞行。

行至毗羅拏國（今印度北方邦艾塔），當地僧眾聽說「大乘天」路過，高興地前來迎接。玄奘應請停留，講了兩個月的《瑜伽師地論》。

之後，向北又走了一個月，來到北天竺的闍蘭達國（今印度旁遮普邦阿姆利則），烏地多王與玄奘告別，派人護送他繼續前行。

貞觀十六年（六四二年），玄奘一行走到僧訶補羅國（今巴基斯坦恰夸爾）。此處多有盜賊出沒。

玄奘請一位僧人走在前面，叮囑說：「如遇盜賊，就告訴他們，是從大唐來的西行取法僧，所帶行李，都是佛經、佛像，請他們放行。」玄奘和其他眾人緊隨其後。

一路上雖然多次遇到盜賊，但都有驚無險。

又往北行進三天，寬達五六里的印度河橫在眼前。玄奘讓同行者攜帶佛經、佛像坐船過河，自己騎乘大象涉水而過。沒料到，船行至河中央時，忽然風浪驟起，船劇烈地搖晃起來，幾次險些被掀翻。看守經像的人和船上的物品，落入水中，眾人趕緊施救。

上岸後，一行人檢點隨行的物品。玄奘傷心地發現，有五十篋經書和他想帶回大唐的天竺特有的奇花異果的種子都不見了。有些泡了水的經篋，要在岸上攤晾。

就在這時，玄奘看到迦畢試王來到了跟前。

原來，迦畢試王聽說玄奘來了，馬上前來迎接。

迦畢試王問：「法師，在河裏丟失了什麼？」

玄奘說：「損失了五十篋經書。」

迦畢試王又問：「除了經書之外，是不是還丟失了天竺特有的奇花異果的種子？」

出家人不打妄語，玄奘坦然承認。他問迦畢試王：「大王，你是怎麼知道的？」

迦畢試王說：「故老相傳，印度河裏有很多洞窟，洞窟裏住著毒龍惡獸，牠們不許天竺的寶物外傳，就掀起風浪，把船打翻。或許就是因為這個，才導致了這次翻船。」

損失了那麼多經書，玄奘雖然懊惱，也沒有辦法。在迦畢試王恭敬邀請下，他在當地的一座寺院裏停留了五十多天，派人到離此不遠的烏仗那國去補抄佛經。

迦濕彌羅國王聽說玄奘駐留在鄰國，聞訊趕來相見，陪他住了數日才回去。

迦畢試王又仿效戒日王，為玄奘舉辦了一次為期七十五天的法會。法會結束後，他與玄奘同行到國界邊，才與玄奘道別，另遣大臣率百餘人護送玄奘翻越大雪山。

逶迤的雪嶺

玄奘一行從婆羅犀那山嶺（今阿富汗哈瓦克山口）向大雪山上行進。山上寒風凜冽，終年積雪，山路時而平緩，時而陡峭，無法騎馬，只能拄杖前進。或上高崖，或入深谷，走了七天，爬上山頂。極目遠眺東方的群山，只見雪峰林立，雪嶺逶迤，危巒疊嶂，伸向天邊。

又走了七天，來到兩座雪嶺之間的山谷中，在一個小村子住下休息。山谷厚厚的積雪下，到處是雪澗冰溪。如果沒有人引路，就可能跌陷而死。第二天起程時，天還未亮，玄奘請一位村民騎著山駝在前面引路。天光大亮時，終於走出這片冰天雪地。檢點人數，只剩下僧徒七人、腳夫二十多個人，象一頭、騾子十隻、馬四匹。

次日眼前又出現一座需要攀登的山嶺，這座山嶺遠遠望去像一個大雪堆。走到半山腰時，厚重的雲霧和飄舞的雪花讓人步履維艱。登上山頂，才發現山頂上全是白色的岩石，並非皚皚白雪。山頂寒風淒厲，沒有人能站住腳，連鳥兒都不敢直接飛越。

又走了五六天，一行人來到達安呾羅縛婆國（今阿富汗安多羅卜），這裏佛法並不興盛，只有三所寺院，僧眾幾十人。從印度河一路走來，跋涉數千里，時值歲末，玄奘一行在此地休整了五天。

貞觀十七年（六四三年），由西北下山，經闊悉多國（今阿富汗阿姆河上游），攀山越谷，行走了三百多里，到達活國。

西突厥統葉護可汗的孫子特勤在玄奘離開時剛繼任國王，如今已成為葉護。他是玄奘的老熟人，見面之後格外高興，留住一個月，又派人護送，與商旅結伴前行。

眾人向東南走，途經多個國家，因路遇大雪，一路走走停停。行走了近一千里路，來到達摩悉鐵帝國（今阿富汗瓦漢地區），國內有十幾所寺院，僧徒多碧眼。

之後，走進蔥嶺中的波迷羅山谷（按：「波迷羅」即「帕米爾」之意）。山谷東西長千里，南北寬百里，在兩座雪山之間，終年飄雪，春夏不停，草木稀疏，人跡罕至。

繼續向東進發，到達朅盤陀國（今新疆塔什庫爾干），在王城東南大石崖下的石室中，禮拜了兩尊僧人的肉身。這兩位僧人去世後，肉身不腐，鬚髮還一直生長，附近寺院的僧人每年為其剃髮換衣。此事讓同行的商人們感到不可思議。

從大石崖向東北行，走到第五天，遇到一夥盜賊。同行的商人驚恐地尖叫，四處逃竄。玄奘卻靜默不語。但那頭一路隨行的大象卻因受到驚嚇而發足狂奔，掉進山下的河裏淹死了。

盜賊走後，玄奘和商人們集合到一起，冒著寒冷與危險繼續東行。他失去了主要的運載工具，不得不慢下腳步。東行八百多里，終於走出蔥嶺。一路上，又經烏鎩國（今新疆莎車）、佉沙國（今新疆喀什）、斫句迦國（今新疆葉城），在這一年的歲末，來到于闐國的國境邊。

得知玄奘到來，于闐國王帶著王子前來迎接。會見後，國王留下王子陪護玄奘，他自己返身趕回王城，佈置盛大的歡迎儀式。

貞觀十八年（六四四年）春夏之際，玄奘抵達于闐國的王城勃伽夷（今新疆皮山縣），住進了城中的薩婆多寺。

駐足于闐

于闐是西域佛教（尤其是大乘佛教）的中心。

于闐國原本盛行小乘說一切有部，曹魏甘露五年（二六〇年），中國西行求法的僧人朱士行到達該國，抄得《放光般若波羅蜜經》的胡本，準備送回洛陽時，為該國小乘學者所阻。五世紀開始，這裏開始流行大乘佛教。對漢傳佛教影響極大的《華嚴經》，即從于闐傳抄而來。

于闐王說：「法師，您能否駐足于闐，為僧俗大眾宣說您求取來的天竺妙法？」大乘僧人，歷來以弘揚佛法為本份、利益眾生為事業。國王提出的這一要求，玄奘無法回絕，他只好暫居于闐，依次為國王及僧俗開講了《瑜伽師地論》、《俱舍論》、《攝大乘論》。

講經期間，玄奘請人到附近龜茲、疏勒諸國，尋找他在渡印度河時損失的五十篋佛經，進行補抄。

于闐離高昌國不遠，玄奘計劃講經結束後，前往高昌，去拜望他的異姓哥哥麴文泰，和他這位王兄分享他西行求法成功的喜悅，回報當初他給予的巨大支持。可就在這個當口，從在于闐經商的高昌人馬玄智口中，玄奘聽到了麴文泰的死訊。

貞觀四年（六三〇年），麴文泰曾到長安謁見唐太宗，與唐朝通好。當時西突厥強盛，高昌國被其控制，在它指使下，一度封鎖了西域諸國通唐的道路，壟斷了東西交通的商道。於是，大唐派兵進攻高昌，麴文泰憂懼而死。

玄奘在天竺捨易從難，放棄海路，選擇陸路回國，就是想與麴文泰踐履「高昌之約」。面對無常的世事，玄奘雖能接受，還是為王兄麴文泰灑下了熱淚，他心裏想：「既然『高昌之約』已成夢幻泡影，那就回長安吧。」

然而，說到回長安，玄奘心中還有一絲顧慮。當初西行，他未能取得朝廷許可，屬於偷渡出關。此刻，他不清楚朝廷對他會怎樣處置。

恰巧，高昌人馬玄智當時正在組織商隊去長安。玄奘就迅速地寫了一道奏表，委託他帶到長安，轉交朝廷。

在奏表中，玄奘簡單地敘述了自己西行求法的歷程。他說，當年冒犯朝廷法令，私往天竺，只是為了求取佛法；西行求法路上，雖然歷經千辛萬苦，幸賴朝廷天威所佑，終於如願以償；如今人在歸途，只因經本眾多，主要的運輸工具大象不幸溺死，一時找不到鞍馬運載，滯留在于闐；他心中對太宗充滿仰望，希望早日能謁見皇帝；同時，請赦免他「冒越憲章，私往天竺」之罪。

七八個月後，唐太宗派來的使節來到于闐，帶來了皇帝的敕令。

英明豁達的唐太宗不僅不追究玄奘當年違禁出境之罪，還期盼能早日見到他。使節告訴玄奘：「皇帝已下令于闐等地派人護送法師回國，人力和馬匹不會缺乏；如今，敦煌、鄯善等沿途各地的官員，已經做好了迎接法師的準備。」

長安城為他沸騰了

玄奘接到敕命，馬上告別于闐王，啟程奔向闊別多年的家鄉。

到達沙州（今甘肅敦煌），玄奘再次奏表報告自己的行程。當時，唐太宗正緊鑼密鼓地謀劃出兵征伐侵佔遼東的高句麗國，征討的總指揮部，設在洛陽。

看完玄奘的奏表，唐太宗下令留守長安的重臣房玄齡，做好迎接玄奘歸來的工作。

玄奘為了趕在大軍出征前見到皇帝，日夜兼程從敦煌趕往長安。

貞觀十九年（六四五年）正月二十四日，玄奘到達長安西郊。

負責迎候的官員，沒想到玄奘這麼快就到來了，朝廷迎接的儀仗還沒來得及備好。而在民間，玄奘到達長安的消息，卻已不脛而走。整個長安城為他沸騰了！玄奘的名字，早已隨風傳遍了長安，一傳十，十傳百，百傳千……城裏城外的百姓蜂擁奔向西郊。

長安城西郊的道路，被人群堵塞了。面對一波接一波湧來的民眾，負責接待的官員茫然無措。玄奘駐足漕河邊，根本無法入城，當晚只得留宿在漕上。

房玄齡聞報，迅速安排數位重臣次日到西郊迎接玄奘進入長安。

二十五日，玄奘和經隊從漕上起程，進入長安。沿途萬眾歡騰，從者如雲。

當天上午，京城各大寺院的高僧大德各率僧眾，擎幡幢、寶蓋，奉香案，雲集在長安城的主幹道、城內最繁華的朱雀街。房玄齡主持了規模盛大的歡迎儀式。之後，他安排儀仗車運載玄奘帶回的佛經、佛像，由南向北穿越整條朱雀街，供官民一同瞻禮。

長安士庶傾城而出，從朱雀街到弘福寺之間的數十里道路兩側，擠滿了前來瞻禮參拜的人，他們或合掌而立，或燒香誦經，或散花供養。

房玄齡為防止出現踩踏事件，下令眾人只可「當處燒香散花，無得移動」。

玄奘歸國，帶回佛典五百二十篋，六百五十七部，其中包括大乘佛經、小乘佛經、因明論、聲明論；此外還有佛像七尊、如來佛肉舍利一百五十粒、骨舍利一函等。

這些佛典、法物展示結束後，被送往弘福寺安置。

在這熱鬧非凡、風光無限的時刻，活動的主角玄奘，又在哪裏？

他的身影並沒有出現在這熱烈的歡迎場合中。就像在曲女城辯經大會之後，他沒有坐在大象背上到城內巡遊一樣。此時此刻，在一個房間裏，玄奘一個人安靜地坐著。

玄奘的身體，和大地上所有的人一樣，同樣是一具血肉之軀；玄奘的心，和大地上所有的人一樣，同樣裝著憤怒、無助、恐懼、希望、平靜和歡喜。然而，經歷佛法的浸潤與淬鍊，世間的榮耀與名利，已經無法擾動他那顆平靜如水的心。

大唐聖教序

「朕早知法師」

貞觀十九年（六四五年）二月初一，唐太宗在洛陽宮儀鸞殿接見玄奘。見面賜座後，太宗淡然一笑：「朕早知法師。」

玄奘聽了一驚，但他臉上依然平靜。

玄奘歸國前，中天竺摩揭陀國的戒日王已派使臣來長安與大唐通好。在摩揭陀國使臣遞交的國書中，太宗已記下天竺人提到的「唐僧」玄奘之名。

太宗問：「法師，您去天竺取經是件好事。怎麼當年不向我稟告呢？」

玄奘說：「我當年離開大唐時，也曾再三上表陳奏。只怪我願力微薄，未能蒙恩獲准。又因求法心切，便私自出境，有這樣的違法行為，我感到非常慚愧，非常惶恐。」

太宗哈哈大笑：「國家禁令俗人隨意出境。法師是出家人，不在禁令之列。再說，您去天竺求法，是惠利蒼生的好事。我是非常贊同的。您不要再慚愧了，也不必擔心什麼！」

太宗又問：「我好奇的是，那麼遙遠的路途，一路上又充滿了艱難險阻，法師是怎麼到達天竺的呢？」

玄奘說：「憑靠大唐的天威，我去天竺和回大唐，一路上都沒有遇上什麼阻礙。」

玄奘這個回答，大大出乎太宗的意料。他當然明白，玄奘一路上能克服艱難險阻，與他沒有什麼關係，於是說：「這都是依賴法師的功德！」

接下來，太宗詳細地詢問了玄奘西行沿途的見聞，以及西域各國的人情風物。玄奘的回答非常有條理。他當著玄奘的面，對身邊的近臣說：「法師談吐典雅，實際上要超出古人很多很多。」

太宗求賢若渴，覺得玄奘堪任宰相，力勸他還俗輔政。

玄奘婉拒說：「我從小出家，信奉佛法，學習的是佛家的解脫之道，對儒家的治國之道非常陌生。如果讓我還俗，就像把船搬到陸地上，無法發揮船的作用了。我願終身行道，以報國恩。」

當時，太宗正在徵調各地的兵馬到洛陽，準備出征遼東，軍務繁忙，本想和玄奘短暫會上一面。沒想到兩人見面後，愈談興致愈高，不知不覺已到日落時分。唐太宗依然意猶未盡，於是邀請玄奘隨軍東征，一路可繼續敘談。

玄奘說：「我是個僧人，行軍作戰不在我的能力範圍內，我在軍隊中只會為您增添不必要的麻煩。再者，兵戎戰鬥，佛教戒律禁止僧人觀看。這是佛說過的，我不敢不奏明，請陛下體察苦衷。」

太宗一聽，也沒法再勉強。

玄奘請求太宗允許他到嵩山少林寺去翻譯從天竺帶回的佛經。太宗說：「翻譯佛經不必去嵩山。長安的弘福寺內有個禪院，十分清淨，法師可去那裏譯經。」

玄奘說：「弘福寺在長安城內，百姓見我從西方來，或許會成群結隊地前來，這既有擾寺院的清淨，又不利於我和其他僧人修行。請陛下為我派上門衛，防止各種干擾。」

太宗馬上答應照辦，他說：「法師，您的一切所需，由國家支付，有任何需要，您就找房玄齡解決吧。」

臨別，太宗也對玄奘提了一個要求：「天竺距離大唐十分遙遠，那裏的佛蹟、教法，我們已有的記載並不詳盡。法師既然親自看到過、經歷過，何不把它們一一寫出來，讓沒有去過的人瞭解一下呢？」

《大唐西域記》

貞觀十九年（六四五年）三月初一，玄奘回到長安，奉詔入住弘福寺。他著手啟動譯經工作，開具了所需的助手人數以及筆墨紙硯等，報告房玄齡。房玄齡啟奏唐太宗。太宗大力支持，傳旨照玄奘所需供給，務必周全。

五月，準備工作就緒，助譯人員到位，玄奘馬上啟動了譯經工程。

譯場內共有「十職」：一、譯主（譯場的總負責人，梵漢兼通，深悟佛法，宣讀原本，並講解其意義，最後確定譯文）；二、證義（輔助譯主審查譯文與原文是否有出入）；三、證文（監督譯主宣讀梵文本時有無錯誤）；四、書手（把梵文讀音寫成漢字）；五、筆受（把譯主翻譯的梵文記錄成漢文）；六、綴文（整理譯文，使之符合漢語規範）；七、參譯（對照譯文，校勘原文）；八、刊定（刪除譯文重複部份，務求簡明扼要）；九、潤文（潤色譯文，使之流暢優美）；十、梵唄（依梵文念誦法念唱譯文，修正音節，便於傳誦）。

在舉國選拔譯經助手時，二十六歲的僧人辯機，以淵博的學識、出眾的文采、風雅的儀容，被玄奘法師相中，擔任「綴文」之一。

玄奘翻譯的第一部經，是《大菩薩藏經》。這部經是大乘瑜伽行派具有綱領意義的經典，講菩薩應該怎麼修行。首譯這部經，玄奘是想積累經驗，為翻譯《瑜伽師地論》做準備。

當然，玄奘並沒有忘記唐太宗下達的那個艱巨任務。

譯經同時，玄奘對辯機口述了他西行天竺途中的經歷與見聞，以及西域、中亞、南亞等地上百個國家的歷史、地理和文化。辯機將其編次潤飾，輯錄成《大唐西域記》十二卷。

在《大唐西域記》中，玄奘首次以「印度」來稱呼天竺。在他之前，典籍中對印度的稱謂真是五花八門，有「身毒、身篤、賢豆、天竺」等多種。玄奘說，「印度」的本意是「月亮」。在印度這片土地上，佛陀及歷代僧眾、菩薩，就像月亮照臨一樣，給世間被紅塵俗務所煩擾的芸芸眾生帶來清涼與光明。

在介紹佛教聖蹟的同時，玄奘也介紹了印度民眾的生活習俗。如，印度對地面乾淨的判斷標準，是要塗滿牛糞，還要在牛糞上撒花；印度民眾都光著腳，很少穿鞋；很多女人以把牙齒染紅或黑為美；印度不吃隔夜的飯菜、不共用餐具，飯後用楊柳枝清潔牙齒；印度沒有死刑，犯罪的人可以花錢贖罪，沒有錢的要根據罪行輕重，處以割舌、削鼻、割耳、剁手足等刑罰；印度的葬儀有火葬、水葬、土葬，還有「安樂死」——上了年紀的老人，或者疾病纏身的人，不想活下去的時候，家人把他抬到堆滿鮮花的船上，任其漂泊在恆河上，自生自滅，名為「生天」……玄奘說，印度還有很特別的禮節，是在大唐見不到的：一是吻尊者之足，二是順時針繞尊者一到三圈。

貞觀二十年（六四六年）七月十三日，玄奘向唐太宗呈上《大唐西域記》，太宗說：「朕會親自翻閱。」當然，他所關心的，並不止玄奘詳細介紹的這些內容，而是出於政治、軍事及外交上的考量，他對有關西域及中亞、南亞各國的山川形勢、氣候物產、風土人情等內容更感興趣。

梵譯《道德經》

唐朝官方信奉的是道教，不是佛教。大唐立國以來，李唐皇室就給自己找了一位大名鼎鼎的祖先——老子。老子姓李名聃，他們便自稱是老子後裔。

武德八年（六二五年），唐高祖李淵下詔，確定三教的排序：以道教居首，儒教次之，佛教最後。

貞觀十一年（六三七年）正月，唐太宗李世民詔告天下，明確宣佈道教在佛教之上，認為佛教是「殊俗之典」，聲明：「老子是朕祖宗，名位稱號，宜在佛先。以後凡齋供、行止乃至講論，道士、女冠應處僧尼之前。」

太宗還以純潔佛教為名，令官員「檢校佛法，清肅非濫」，致使國內僧人數量大幅減少。他雖然支持玄奘譯經，但在國家舉辦的活動中，堅持「道士位列僧人之前」。他還感慨佛經傳播太廣泛，致使老祖宗所講的《道德經》反倒被人遺忘了。

接觸玄奘之後，唐太宗對佛教的態度開始有些變化。

太宗出征遼東歸來後，重病纏身，常恐世壽不久。為了薦福延壽，他開始相信佛教的因果之說、功德之事。在他看來，這與道家的方術並無二致，兩者互不排斥，可以同時並存。

一天，太宗問：「做什麼最有功德？」

玄奘說：「眾生愚迷已久，沒有智慧就不能覺悟，而智慧的萌生，要依賴於佛法，弘揚佛法又在於人。所以剃度僧人，最有功德。」

於是，太宗下詔在長安及各州佛寺每寺剃度僧人五名，弘福寺則剃度五十名。當時共有佛寺三千七百一十六所，此詔一下，新增僧尼一萬八千多人。隋末戰亂之後，僧人總數銳減，這次剃度後，僧團又壯大起來。

恰巧，太宗身體偶有好轉，他對玄奘更為信任，時不時找玄奘討論佛教教義，「福田功德」之類的話更是掛在嘴邊。他還命人對玄奘增加供給，應季更換衣服被褥，讓後宮為玄奘織造袈裟一領，並賜金剃刀一把。

因為信任玄奘，唐太宗對佛教的禮遇，可謂前所未有。

貞觀二十一年（六四七年），東印度迦摩縷波國鳩摩羅王遣使來唐，貢獻奇珍異物及地圖，請老子像和《道德經》。唐太宗命玄奘與道士蔡晃、成玄英等一起翻譯《道德經》。

成玄英等道士試圖以佛教中觀的理論來詮解《道德經》，認為佛道二家雖說法不同，其意趣則是相通的。對於這個觀點，玄奘堅決拒斥，他明確指出，佛道二教，其旨有天壤之別，不能用佛教的義理來比附《道德經》。

在具體譯名的選擇上，成玄英等道士又提出沿用佛經的說法，用「菩提」來對譯

「道」。玄奘說：「『菩提』的本意是『覺悟』，『道』的本意是『真理』，其對應的梵文是『末伽』。」

玄奘把《道德經》譯成梵文後，成玄英又提出翻譯〈道德經序〉。玄奘認為這篇所謂的序，是南朝時靈寶派道士偽託葛玄所作的，其中談及的「叩齒」、「咽液」之類方術，如果傳至異邦，會為人恥笑。玄奘拒絕翻譯。

道士們不服，為此上陳朝廷。唐太宗命中書令馬周等人裁定此事。馬周遵從玄奘的意見，決定不翻此〈序〉。

〈大唐聖教序〉

唐太宗曾與玄奘討論《金剛經》。玄奘說：「鳩摩羅什翻譯的《金剛經》有誤譯之處，如經題為『金剛般若經』，這是以堅固不壞、無物不摧的金剛來比喻般若智慧。依梵文原本看，應譯為『能斷金剛般若』，這裏的金剛，指的是眾生的煩惱堅固如金剛，佛法的般若智慧能斷眾生的煩惱。」

唐太宗聽了很感興趣，命玄奘按梵本重譯。

玄奘認為，奉敕譯經是護國行為，奏請太宗派重臣監護。太宗指定房玄齡充任「譯場監閱」一職。

為流通新譯的佛經，凡有所譯，玄奘都奏請太宗御覽，還上表請太宗為新譯佛經作序。太宗則予以推辭。

完成《大唐西域記》後，玄奘著手翻譯一百卷本的《瑜伽師地論》。貞觀二十二年（六四八年）五月十五日，玄奘歷時三年終於譯完這部佛門巨著《瑜伽師地論》。

七月一日，唐太宗到坊州玉華宮（今陝西延安附近）避暑，召請玄奘前往覲見。玄奘上路後，唐太宗又多次派人傳令，請玄奘不必著急趕路，以免勞累。

二人見面後，太宗因欣慕玄奘的學業儀韻，再次勸他還俗輔政。

玄奘不置可否，他盛讚唐太宗英明神武，貞觀盛世，賢臣林列，繼而說自己蔽陋無能，不堪輔政之任，又說：「我願恪守佛門戒律，終身闡揚佛陀遺教，安心譯經誦經，護國息災，以助皇圖永祚。」

唐太宗聽了非常歡喜，說：「法師好好努力吧。從今以後，朕定當協助法師弘道。」隨後，他又問：「法師近來翻譯什麼經論？」

玄奘說：「剛剛譯好《瑜伽師地論》一百卷。」

聽玄奘介紹《瑜伽師地論》要義後，唐太宗派人從長安取來譯本，親加披覽。

翻閱之餘，感覺此論義理宏深，他感慨地對身邊的近臣說：「朕觀佛經好比觀天望海，莫測高深。沒想到，玄奘法師能在異域求得如此妙法。朕向來忙於軍國大事，未能仔細推尋佛教。而今看來，其宗旨、淵源深遠曠闊，沒有邊際，儒道九流的典籍與之相比，猶如水池之於大海，世人說儒釋道三家同一旨歸，純屬妄談。」

太宗當即下令，由祕書省挑選出九名書手將《瑜伽師地論》等抄寫九份，分發到九州最重要的寺院保存，供人閱讀傳抄。

八月四日，玄奘再次啟請太宗為新譯佛典撰寫序言。這一次，太宗沒有推辭，欣然撰寫了〈大唐三藏聖教序〉。在這篇序文中，唐太宗稱玄奘是「法門之領袖」，說「松風水月，未足比其清華；仙露明珠，詎能方其朗潤」，稱讚他「超六塵而迥出，隻千古而無對」。

太子李治讀了〈大唐聖教序〉之後，寫了一篇〈述三藏聖教序記〉，親自抄寫了一份賜予玄奘。九月，李治又秉承太宗之旨，為玄奘首譯的《大菩薩藏經》撰寫了後序。

經玄奘再次啟請，唐太宗同意將〈大唐三藏聖教序〉置於玄奘所譯所有佛經之首，太子李治的〈述三藏聖教序記〉附於經後。在唐太宗的推動下，整個社會出現了佛教熱，上自朝廷世家，下至販夫走卒，都以信仰佛教為榮。

玄奘為人處世極其低調，雖然如此，還是有人覺得玄奘諂媚皇室。

辯機偶然談及坊間的言論，玄奘說：「乘泛海之舟才能遠致千里，如附松之蘿才能長高萬尋，人們不知道，我以『光大佛法』為己任，取得帝王的外護，是使佛法昌盛的因緣啊！」

入主大慈恩寺

貞觀二十二年（六四八年）十月，玄奘隨唐太宗回長安。太宗在皇城北闕紫微殿西別設弘法院，讓玄奘住在那裏，晚上譯經，白天則可以陪太宗談玄論道。

此時，太子李治為其母長孫皇后薦福而建的大慈恩寺即將完工。長孫皇后於貞觀十年（六三六年）六月二十一日去世。貞觀二十二年七月一日，李治為報母恩，敕令在長安城中選定武德初年廢棄的淨覺寺重加營建。經過數月擴建翻修，新寺落成。寺院有十餘院落，房屋一千八百九十七間，規模宏大，美輪美奐，華麗莊嚴，為長安城之最。

十月一日，李治奉太宗敕旨，宣佈新寺命名為大慈恩寺，將度僧三百名，請五十名大德共住弘揚佛法；於寺西北角，另建譯經院，請玄奘移就譯經，同時總領寺務。

玄奘以體弱多病，「奉敕翻譯……恐不能卒業」為由力辭，未能獲准。

十二月二十三日，朝廷舉行盛大儀式，迎請玄奘入住大慈恩寺。

清晨，一千五百多車乘，先到弘福寺迎取來即將供奉在大慈恩寺的佛像，以及玄奘從印度帶回的佛經、佛像、舍利等，然後來到皇城西北安福門外，整齊排列。

玄奘上車後，隊伍浩浩蕩蕩前往大慈恩寺。唐太宗與太子、後宮嬪妃們站在安福門樓上手持香爐恭送。與此同時，朝廷重臣趙國公長孫無忌、英國公李勣（徐世勣）、中書令褚遂良等奉太宗敕命，在大慈恩寺山門前手持香爐恭迎。

二十四日，大慈恩寺舉辦度僧法會。太子李治率嬪妃前來觀禮，後又到玄奘住所探望，並題詩一首，貼於門上。

當天晚上，唐太宗命玄奘重返皇城北闕，依舊在弘法院起居。

貞觀二十三年（六四九年）四月二十五日，玄奘陪同唐太宗、太子李治前往翠微宮。太宗在政務之餘，唯與玄奘談玄論道，請教因果報應及西域見聞。太宗感慨說：「只可惜朕與法師相識太晚，不能廣興佛事。」

五月二十六日，與玄奘交談時，唐太宗突感頭疼，他不以為有異，當晚留玄奘在宮中住宿，準備等身體舒服一點，再繼續交談。

當晚，太宗在翠微宮含風殿病逝，終年五十二歲。

太宗突然去世，對玄奘是一個重大的打擊。歸國後的短短四年中，玄奘與太宗多次交流，相處非常融洽，出於對玄奘的尊重，太宗不遺餘力地支持譯經事業。這是多麼難得的殊勝因緣。

「世事無常，果然如佛所說。」玄奘感慨之餘，想到自己從印度帶回的眾多佛經還沒有翻譯，更感緊迫。回到大慈恩寺，玄奘更是專心譯經。

每天，玄奘早早起床，通讀梵本，用硃筆圈點，確定當天準備翻譯的內容。如果白天有事，來不及完成，晚上他繼續趕譯，翻譯不完，絕不休息。

作為大慈恩寺的主持，玄奘每天除了譯經，還要主持寺務，接待各地慕名前來求教的僧人、學者及王公貴族，每晚為僧眾講法。雖然事務繁蕪，但他有條不紊，應付自如。

「朕失國寶」

啟建大雁塔

唐太宗去世後，太子李治繼位，史稱唐高宗。高宗和他的父親一樣，對玄奘譯經弘法表示支持，但他的出發點不過是借此增加自己的福壽而已。

隨君伴駕，出入宮廷，遠非玄奘之本願。他與君王的交往應酬，雖然贏得了他們對譯經事業的支持，有利於佛教的弘揚，但對於玄奘來說，其中也有身不由己的無奈。玄奘的譯經事業，就是在這種尷尬無奈中進行的。

唐高宗永徽三年（六五二年）三月，年過五旬的玄奘啟請在大慈恩寺端門之南造一座石塔，用來保存他從印度帶回的佛經、佛像、舍利，以防年久散失與火災等意外。高宗馬上批准，但他決定把這座塔建在慈恩寺內，並由石塔改為磚塔。

玄奘親自參加施工，和工匠們一起搬磚運土。歷時兩年，這座仿印度風格的外表是磚，內裏是土的方形佛塔落成了。塔基邊長一百四十尺，塔高五層，高一百八十尺。每層中央，藏有一千到兩千粒佛舍利。塔的最上層，以石為室，用以藏佛經、佛像以及大書法家褚遂良書寫的〈三藏聖教序〉、〈述三藏聖教序記〉兩塊碑。

出於對玄奘的尊重，高宗請玄奘為這座塔起名。

玄奘在印度遊學時，曾見到一座名字奇特的「大雁塔」。寺裏的僧人說，他們之前信仰小乘佛教，可以吃三淨肉。有一天，一位僧人乞食沒有得到三淨肉，心裏有點饞。他一抬頭，看見天上飛過一群大雁，就開玩笑地說：「今日僧眾無肉可食，菩薩您應該知道啊。」話音剛落，一隻大雁「撲通」一聲從天上掉了下來，死在這位僧人面前。

僧人見狀大驚，把這件事情告訴給僧眾。僧眾得知後，既慚愧，又悲傷，認為這隻大雁是菩薩化身，點化他們改信大乘，不再食肉。

為了紀念這隻大雁，僧眾把這隻大雁視為菩薩，為牠建造了一座塔。玄奘把新建成的塔也命名為「大雁塔」。

顯慶元年（六五六年）正月二十三日，高宗與武后在大慈恩寺為太子李弘設千僧齋，並敕朝臣前往進香。黃門侍郎薛元超、中書舍人李義府前來拜見玄奘。玄奘請他們代奏兩件事：一是希望朝廷循前朝舊例，選派官員襄助譯事；二是請皇帝為大慈恩寺落成立碑，以傳後世。

二十四日，高宗准奏，敕令他所信任的朝臣尚書左僕射于志寧、中書令來濟、禮部尚書許敬宗、黃門侍郎薛元超、中書舍人李義府等，時往慈恩寺譯場查閱，如發現譯文有不妥當之處，當為潤色。同時，高宗還答應他將親為大慈恩寺的落成撰寫碑文。

二月二十九日，高宗御製碑文寫成。四月十四日，高宗親筆書寫的文章，著人刻成了石碑，送到慈恩寺。玄奘不敢在寺內坐等，率慈恩寺僧眾趕到芳林門迎接。長安士庶大眾聞訊前來圍觀，人山人海。

高宗站在皇城的安福門樓上，觀看著這盛大的場面，內心非常高興。御碑送到慈恩寺內，安置在大殿東南角新建碑亭中。

次日，玄奘上表謝恩。

在佛道之爭的漩渦中

唐太宗在位時，曾明確宣佈道教在佛教之上。這道詔令，引起僧眾的抗議。太宗下令鞭打帶頭抗議的僧人，將抗議者逐出長安。唐太宗去世後，有道士大力弘揚《老子化胡經》。於是，佛道之爭再起波瀾。

《老子化胡經》是西晉道士王浮所作，宣說老子到天竺變為佛陀，教化胡人。這部經，成為道教優於佛教的理論依據，也是佛道之爭的源頭。

高宗在皇宮內百福殿，召集僧道就《老子化胡經》的真偽進行論爭。佛道之爭相互對抗，更加激烈。玄奘雖然置身事外，但他的弟子慧立、神泰已涉身其中。

永徽六年（六五五年），高宗敕封老子為「太上玄元皇帝」。不久，他又沿襲唐高祖、唐太宗「崇道抑佛」的宗教政策，敕令天下：「凡出家人犯罪，難以斷明，可用世俗法定罪。」

對此，玄奘深感憂慮。

顯慶元年（六五六年）十二月，玄奘向高宗上了一道奏章，提出兩個請求：一是希望把佛教排在道教前面，二是希望廢除「僧尼犯法依世俗法定罪」這一條。

高宗看了奏章後，同意廢除「僧尼犯法依世俗法定罪」這一條，對於佛道排位的問題，高宗以「先朝處份，事須平章」為由駁回。

顯慶二年（六五七年），玄奘奉命陪高宗到洛陽，居於積翠宮，進行翻譯工作。高宗建議玄奘「無者先翻，有者在後」，先翻譯漢譯佛經中還沒有的經典。玄奘以《金剛經》為例說舊譯未必合理，沒有採納皇帝的建議。

洛陽鄰近嵩山，玄奘又上表請高宗恩准他到少林寺譯經。高宗以大隱在市朝為由，拒絕了玄奘的請求，並說以後不可再提此事。

三年前，李弘生病，高宗焦慮不已，命玄奘誦經祈福。法事之後，太子病癒，高宗下敕擴建西明寺。顯慶三年（六五八年）六月，西明寺重新落成，共有十院，房四千餘間。七月，高宗敕令玄奘移住西明寺，選派五十名高僧入住，協助玄奘譯經，其中有律宗高僧道宣。十四日，玄奘入主西明寺，儀式一如當年唐太宗敕令他入主大慈恩寺時的規模。

玄奘當年西行求法時，數次在冰山雪嶺間跋涉，致使身體落下「冷病」。回到長安後，一直依賴藥物治療。入住西明寺不久，他的冷病再次發作，來勢兇猛，幾乎危及性命。高宗將玄奘迎入皇城東側的凝陰殿（在太極宮）西閣，命御醫悉心治療，病情才逐漸好轉。

經此大病之後，玄奘的身體更加虛弱。京城名流來往眾多，競相看望。玄奘不勝其擾，只好再次上表，奏請離開長安，前往玉華宮譯《大般若波羅蜜多經》。

這一次，唐高宗允許了。

般若之果

顯慶四年（六五九年），移居玉華宮的玄奘，開始著手翻譯全文達六百卷的《大般若波羅蜜多經》。

這部經，在西域各國都被視為鎮國之寶。唐高宗也格外重視。

由於《大般若波羅蜜多經》體量巨大，助譯者建議玄奘參考一下姚秦時期的譯經大師鳩摩羅什的做法，把經文中相類似的部份刪掉。玄奘認為這個建議有道理，就依從了。

當天晚上，玄奘做了一個夢。在夢中，他先是爬上了一座高山，卻不知為何，從山頂上摔了下去；接著，他夢見自己跟猛獸搏鬥，費了很大的力氣，才脫離了危險。

從夢中醒來，玄奘汗流浹背。他感覺這個夢是對他簡化《大般若波羅蜜多經》的一個警誡。次日，他把這個夢告知助譯者，依舊按梵文原本，進行譯經。

玄奘譯經，一直遵循「五不翻」的原則：一、祕密內容（如咒語）；二、一詞有多種含義；三、經中所說之物「印度有，大唐無」；四、古人已定譯為某詞；五、天竺慣用語，在漢語中找不到對應的字詞；凡遇到這五種情況，只以漢語注其讀音，不作翻譯。

年近六十，玄奘想起「露形外道」伐闍羅為他預測的壽命，不禁感慨人壽有限。玄奘記起伐闍羅所說的「興福可以延壽」這句話，將皇帝賜予的貴重之物，全部拿出來，用於供僧、供燈、造經、放生，他廣做佛事，為自己興福延壽。

弟子窺基不解，問：「法師歷來教人接受無常，看淡生死，今日何以至此？」

玄奘說：「賤軀微命，向來不惜。我這樣做，是為了今生不留遺憾，能夠完整地把《大般若波羅蜜多經》翻譯完。」

譯經期間，玄奘每每感覺力不從心。他勉勵譯場的助譯和弟子說：「我已經六十多歲了，不知道什麼時候無常到來，我就不在了！這部《大般若波羅蜜多經》，卷帙浩瀚，我經常擔心翻譯不完。拜託諸位努力，不要怕辛苦。」

從顯慶五年（六六〇年）正月始，到龍朔三年（六六三年）十月止，這部六百卷的巨大佛典終於譯完。

玄奘感慨萬千，對譯場眾僧說：「我來玉華宮，就是為了翻譯《大般若波羅蜜多經》。如今這部經譯完了，我的生命也該結束啦！」

玄奘致力於翻譯此經，有一個重要的原因。他一生以「光大佛法」為目標，然而他看到，佛教的大、小乘之間乃至大乘佛教內部，各個宗派因見解不一，紛爭不斷，他想建立起一個統一的佛法修學體系。

玄奘心目中的這個完美的修學體系，以「阿毗達磨」（即卓越的教法。意譯為「上等法」、「對法」、「大法」、「勝法」等。佛教著作分類之一，為論書的一種）為大地，以《瑜伽師地論》為樹幹，以《大般若波羅蜜多經》為果實。

玄奘從印度帶回的經典眾多，他知道自己窮盡一生也無法全部譯出。玄奘譯經，是有選擇的。第一階段，以《瑜伽師地論》為主，這是他西行求法的重心；第二階段，以「阿毗達磨」為主，翻譯了《大毗婆沙論》、《俱舍論》，介紹修行的基礎與入門方法；第三階段，以《大般若波羅蜜多經》為主。

「朕失國寶」

玄奘勉力譯完《大般若波羅蜜多經》，感覺體力衰竭，自知生命即將走到盡頭。麟德元年（六六四年）正月初一，玄奘翻譯了一部只包含五個咒語的短經《咒五首經》後，眾僧又請他翻譯《大寶積經》。

為了不拂眾意，玄奘勉強翻譯了開頭數行，隨即合上了梵本。

玄奘望著弟子們，平靜地說：「這部經卷帙之多，與《大般若波羅蜜多經》相同。我自覺心力不濟，即將往生，不能再承擔此事了。」

說完這句話，玄奘停止了翻譯工作。

他開始為自己離開這個世界做準備。

正月初八晚上，僧人玄覺夢見一尊高大的佛塔突然倒塌。他擔心這個夢是提示自己要出什麼事，就請玄奘為他解夢。

玄奘告訴他：「這個夢，跟你沒關係，是預示我將要離開這個世界。」

初九晚上，曾經翻越過崇山峻嶺、跋涉過滔滔江河的玄奘，在跨越屋後的小水溝時，不慎摔了一跤。雖然只是擦破腳踝處的一點皮，玄奘卻因此病倒，病情急轉直下。

正月十六那天，他令弟子把已譯完的佛經編個目錄，看看到底翻譯了多少；又按照佛教的戒律，把自己用的東西全部施捨給寺裏的僧眾。

二月初四夜，玄奘在床上朝右側安靜地躺下。他一生的經歷，卻像夢境一樣，在他眼前閃現出來。

他看到了地平線，並且是不斷向遠方延伸著的地平線，藍色，透明，閃閃發光。這時，一股天竺特有的花香，淡逸地飄到了鼻端，他深深地吸了一口。這時，房間裏迴盪起天竺僧人動聽的梵唱。

西行求法的道路，出現在他的眼前。莫賀延的沙漠，冷酷的雪山，奔流不息的恆河，菩提伽耶的大菩提樹，莊嚴的那爛陀寺……

他看到了母親，她在輕輕地呼喚他「陳禕」。他應了一聲。他看到了母親去世時父親的淚眼。

他看到了二哥的身影，看到二哥牽著自己的手，走進了洛陽淨土寺的山門。眼前的面孔多起來，他看到了同意將他剃度為僧的鄭善果大人，看到了目光具有穿透力的百歲高僧戒賢，看到了戒日王，看到了唐太宗……

這些熟悉的臉孔，一一閃過，如流星畫過夜空。

他看到了碧綠透明的荷葉，看到了清淨的池水，以及鮮淨可愛的白蓮花……看到了佛陀，看到了觀音菩薩、文殊菩薩……

玄奘感到身體產生了奇異的變化，他的知覺敏銳起來。他清晰地聽到，在他的房間裏，僧眾正齊聲念佛。

身體沒有痛苦，心情格外平靜，玄奘臉上閃現出一個歡喜的微笑。

二月初五晚上，隨侍床榻一側的弟子普光等人驚奇地看到，玄奘額頭的皺紋平撫了，數日不飲不食，但他本已枯槁的臉也變得飽滿，並且，他的臉上閃現出一個神祕的微笑。

普光等人悲從中來，知道師父要走了。

普光俯身湊向玄奘耳邊，輕聲問：「和尚，您確定要往生到彌勒菩薩現在居住的兜率天宮嗎？」

玄奘嘴唇翕動，傳出微弱而又堅定的聲音：「是的。」

隨即，玄奘的氣息慢慢微弱下來。

二月三日，唐高宗得知玄奘因傷到腳得病並且病情加重後，馬上派御醫帶藥物趕往玉華宮。但御醫到來時，玄奘早已停止了呼吸。

高宗聞訊後極為哀痛，罷朝三日。他痛心地拍打著皇宮殿內的大柱子，哀慟地連聲說道：「朕失國寶矣！朕失國寶矣！」

弟子們遵照玄奘的遺囑，用粗竹蓆將他包裹，安葬於長安東郊白鹿原上。

玄奘生平簡表

五八九年（隋文帝開皇九年　陳禎明三年）
隋軍克建康，俘陳叔寶，陳朝亡，全國統一。

六〇〇年（開皇二十年）
《隋書》載有高祖文帝與遣隋使的對話。日本派遣遣隋使的次數，根據《日本書紀》和《隋書》的記載來看，其次數不少於五次。

六〇四年（仁壽四年）
楊廣殺楊堅自立為帝，是為隋煬帝。

六〇〇年（隋文帝開皇二十年）
出生。

六一一年（隋煬帝大業七年）

王薄起義、竇建德等起義。翟讓據瓦崗起義。

六一二年（大業八年）

隋煬帝一征高麗，戰敗撤回。

六一三年（大業九年）

隋煬帝二征高麗，圍遼東城，不下。楊玄感起兵反煬帝，兵敗被殺。

六一四年（大業十年）

隋煬帝三征高麗，高麗王遣使請和，煬帝撤兵。

六一八年（隋越王皇泰元年　唐高祖武德元年）

李淵廢隋恭帝楊侑，在長安稱帝，國號唐。

六二二年（武德五年）

伊斯蘭教紀元始。

六一一年（隋煬帝大業七年）

父母喪亡，隨二哥長捷法師入洛陽淨土寺。

六一二年（大業八年）

被破格剃度為僧，始學經論。

六一八年（隋越王皇泰元年　唐高祖武德元年）

隨二哥遊學長安、成都，從高僧學《攝大乘論》。

六二〇年（武德三年）

在益州空慧寺受具足戒。

六二六年（武德九年）

玄武門之變，李世民殺太子李建成等。高祖退位為太上皇，李世民即位，是為唐太宗。

龜茲、突厥、高麗、百濟、新羅、党項遣使來朝。

六三〇年（唐太宗貞觀四年）

李靖破突厥於陰山。西域諸族請上太宗尊號天可汗。

日本遣唐使抵唐，至八九四年，前後共任命使節十九次（其中一次迎入唐使，三次送唐客使），約有十三次抵達唐朝。

六二三年（武德六年）

離開成都，遊學於荊州、相州、趙州等地，從高僧學經論。

六二五年（武德八年）

入長安，從道岳法師學《俱舍論》，被譽為「佛門千里駒」。向中天竺波羅頗迦羅蜜多羅問學佛法。

六二九年（唐太宗貞觀三年）

自長安出發，西行求法。經河西走廊，出玉門關，歷五烽，越國境，過莫賀延磧。

六三〇年（貞觀四年）

入高昌。北逾雪山，過中亞諸國一帶。

六四一年（貞觀十五年）

文成公主入吐蕃，與吐蕃贊普松贊干布聯姻。

六四二年（貞觀十六年）

阿拉伯帝國在納哈萬德戰役擊敗波斯薩珊王朝的軍隊。

六三一年（貞觀五年）

到摩揭陀國那爛陀寺，從戒賢法師學《瑜伽師地論》、《中論》等經論。

六三六年（貞觀十年）

遊學五天竺，學《毗婆沙》、《順正理》、《集量》、《阿毗達磨》諸論。

六三九年（貞觀十三年）

往杖林山，從勝軍論師學《唯識抉擇》、《莊嚴經論》。

六四〇年（貞觀十四年）

復返那爛陀寺。撰《會宗論》。撰《制惡見論》。應邀至迦摩縷波國，會晤鳩摩羅王。

六四一年（貞觀十五年）

會晤戒日王。於曲女城辯經會立《制惡見論》，無人能破，譽滿印度。同年踏上歸程。

六四五年（貞觀十九年）

太宗親自率軍東征高麗，不克而班師。

六四六年（貞觀二十年）

日本孝德天皇頒佈《改新之詔》，推行政治改革，史稱「大化革新」。

六四九年（貞觀二十三年）

太宗卒。太子李治即位，長孫無忌、褚遂良輔政。

六四五年（貞觀十九年）

攜佛典、佛像回到長安。於洛陽謁見唐太宗。在長安弘福寺開始譯經。

六四六年（貞觀二十年）

撰成《大唐西域記》。

六四七年（貞觀二十一年）

譯《老子》為梵文。

六四八年（貞觀二十二年）

譯成《瑜伽師地論》。唐太宗撰〈聖教序〉。入主大慈恩寺。

六四九年（貞觀二十三年）

隨駕終南山翠微宮。太宗崩。還大慈恩寺，專事譯經。

六五二年（唐高宗永徽三年）

啟建大雁塔。

六五六年（顯慶元年）

請朝廷派官員到譯場襄助譯事。

六五七年（唐高宗顯慶二年）

唐遣蘇定方擊西突厥，大破之。在西突厥地設都護府。

六六一年（顯慶六年）

穆阿維亞一世以大馬士革為首都，創立伍麥亞王朝，是阿拉伯帝國的第一個世襲王朝，在《舊唐書》中被稱為白衣大食。

六六三年（龍朔三年）

百濟被新羅和唐朝的聯軍滅亡。

六六四年（麟德元年）

宰相上官儀請廢武后，被殺。從此高宗每視事，武后必垂簾於後，政權悉歸武則天。

六五八年（顯慶三年）

入主西明寺。

六五九年（顯慶四年）

移住坊州玉華宮。

六六〇年（顯慶五年）

始譯《大般若波羅蜜多經》。

六六三年（龍朔三年）

譯成《大般若波羅蜜多經》六百卷。

六六四年（麟德元年）

入寂，葬於白鹿原。

國家圖書館出版品預行編目 (CIP) 資料

玄奘 / 馬明博著 . -- 第一版 . -- 新北市 : 風格司藝術創作坊 , 2020.01
面； 公分 . -- (嗨 ! 有趣的故事)
ISBN 978-957-8697-65-2(平裝)

1.(唐) 釋玄奘 2. 佛教傳記

229.34 108021458

嗨！有趣的故事

作　　者：馬明博
責任編輯：苗　龍

發　　行：知書房出版
出　　版：風格司藝術創作坊
235 新北市中和區連勝街 28 號 1 樓
電　　話：(02) 8245-8890

總 經 銷：紅螞蟻圖書有限公司
台北市內湖區舊宗路二段 121 巷 19 號
電　　話：(02) 2795-3656
傳　　真：(02) 2795-4100
http://www.e-redant.com

版　　次：2020 年 10 月初版　第一版第一刷
訂　　價：180 元

ISBN 978-957-8697-65-2 Printed inTaiwan